십 대를 위한
몸매 안내서

MA SILHOUETTE, MON AMIE, MON ENNEMIE

First published in France under the title:
Ma silhouette, mon amie, mon ennemie
Dominique-Adèle Cassuto, Titeepex
© 2022, La Martinière Jeunesse, une marque des Éditions de La Martinière, 57 rue Gaston Tessier, 75019 Paris

Korean translation copyright © 2023 by WONDERBOX
Korean translation rights arranged with Éditions de La Martinière through EYA Co., Ltd

이 책의 한국어판 저작권은 EYA Co., Ltd를 통해 Éditions de La Martinière와 독점 계약한 원더박스가 소유합니다. 저작권법에 의하여 한국 내에서 보호를 받는 저작물이므로 무단 전재 및 복제를 금합니다.

일러두기

- 이 책에 나오는 각종 지표와 데이터는 「2017 소아청소년 성장도표」, 대한비만학회 기준, 「제18차(2022년) 청소년건강행태조사 통계」 등을 참조하여 한국 상황에 맞게 고쳤습니다.
- 몸과 관련한 문화, 키워드, 해시태그 등은 한국 현실에 맞춰 고쳤습니다.
- 나이는 만 나이를 기준으로 했습니다.

자기 돌봄 3

십 대를 위한
몸매 안내서

글 **도미니크 아델 카수토**
그림 **티티페**
옮김 **류은소라**

원더박스

추천사

내 인생의 알고리즘을 다시 쓸 수 있도록 도와주는 책을 만나 기쁘다.
우리 모두가 이미 잘 알고 있다. SNS를 보다 보면 어느 순간 피드에 나오는 모든 사진과 영상이 내가 관심을 가지는 분야에 맞춰 가득 차 버린다는 것을. 한때 마르고 날씬한 몸에 집착했던 나에게도 이런 '인생의 알고리즘 법칙'에 따라 모든 순간의 결정들이 선택되곤 했다. 선망하기 쉬운 외모와 관련된 정보들은 눈앞에 더 쉽게 나타나고, 나는 더 갈망하고, 비슷한 생각을 가진 사람들을 만나고, 집착하고, 나중에는 '외모'가 가장 중요한 기준이 되어, 그런 외모를 가지지 못한다면 진짜 인생을 살아가는 것이 아니라고 생각했을 정도였다. 이러한 인생의 알고리즘 법칙은 모두에게 똑같이 적용된다.

청소년 시절의 나를 떠올려보면, 그 누구도 나에게 몸을 바라보는 다양한 방법이 '거울 너머에' 있다는 것을 가르쳐 주지 않았다. 그 작고 어린 시절의 내가 아는 유일한 방법은 '거울을 바라보는 것'뿐이었다. 그렇게 비춰지는 나를 바라보면 남과 비교되는 부족한 점만 거울을 꽉 채웠다. 나의 체형과 체질, 나를 구성하는 것들을 제대로 이해하기도 전에 나는 몸무게라는 숫자 하나로 나를 평가했고, 또 그렇게 평가당했다.

그때의 나에게 『십 대를 위한 몸매 안내서』 같은 책이 단 한 권이라도 나타나 주었다면 얼마나 좋았을까! 그래서 외모라는 기준으로 내 알고리즘을 가득 채우지 않고, 더욱 풍성하고 멋진 것들로 채웠다면 이렇게 긴 시간을 돌아오지 않아도 되지 않았을까?

SNS, 바디프로필, 섭식 장애, 비만… 모든 것을 개인의 탓으로만 돌리기 쉬운 주제들이다. "네가 SNS에 중독된 거겠지.", "네가 충동을 조절하지 못하고 예민해서 섭식 장애에 쉽게 걸린 거겠지.", "네가 게으르고 많이 먹어서 비만인 거겠지." 하지만 누군가가 SNS에 중독되거나 섭식 장애로 고통받거나 비만이 되는 이유는 그에게만 있지 않다. 오히려 그는 자신을 둘러싸고 윽박지르는 사회의 목소리에 쫓기다 그런 선택으로 떠밀린 게 아닐까.

이 책은 분명하게 말한다. '네 잘못이 아니야!' 그리고 알려 준다. 혼란한 세상에서 내 중심을 잡는 방법과 거울 너머로 나의 몸을 바라볼 수 있는 올바른 방법을. 내 몸을 똑바로 마주하고, 인정할 수 있는 그 시작을.

외모 때문에 걱정하고 힘들어하는 십 대들과 이 책을 함께 읽고 싶다.

-치도(바디 포지티브 운동가, 『친애하는 나의 몸에게』 저자)

차례

추천사 4

1장 내 몸은 정상일까 ⋯ 11

체질량지수가 뭐예요? 14
체질량지수 그래프를 보는 법 19
체질량지수는 왜 필요해요? 정상 체중이 뭐예요? 20
몸무게가 달라진 원인을 꼭 알아봐야 할 때 23
비만이 걱정된다면 24
몸이 말라 걱정이라면 26
사춘기 몸에선 무슨 일이 일어날까? 28
외롭고, 두렵고, 혼란스러워요 30

2장 몸에 이로운 생각 … 33

신체상 **34**

자신이 너무 뚱뚱하다고 생각한다면 **36**

멋진 몸의 기준은 세계 어디에서나 똑같지 않나요? **38**

아름다움의 기준은 나라마다 다르답니다 **40**

날씬함도 제각각 **41**

잘 먹고 잘 자야 하는 이유 **48**

배고파! **50**

남학생들이 꿈꾸는 근육질 몸 **56**

신체이형장애 **58**

사회의 기준에 맞추려는 마음 **60**

부모님은 왜 그럴까? **62**

실제 몸 vs 생각 속의 몸 **66**

3장 SNS에서 똑똑하게 노는 법 ··· 69

SNS는 어떻게 작동할까? **70**

자연스러워 보이지만 모두 '거짓' **78**

SNS에 나를 만들 때 생길 수 있는 일 **80**

셀카와 자존감 **83**

인스타그램, 해로운 비교 장치 **84**

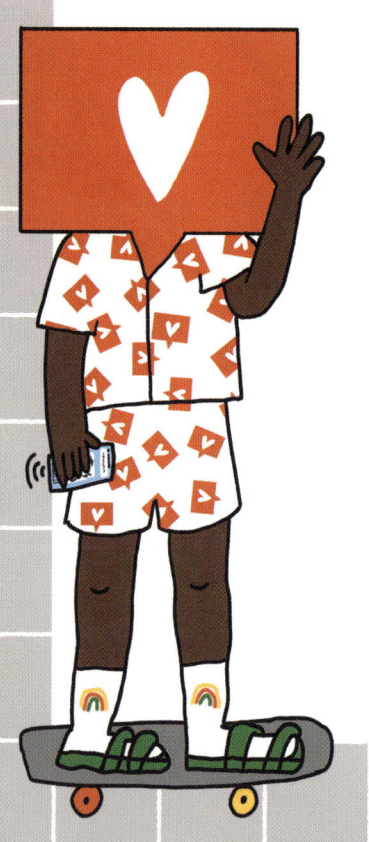

4장 몸매 고민에서 벗어나려면 ··· 89

섭식 장애란 무엇인가요? 90

SNS에서 유행하는 몸 #몸매관리 #바디프로필 94

몸매에 대한 고민을 말해 봐요 96

비만 공포증 102

괴롭힘을 당하고 있다면 106

사이버 폭력에 대처하는 법 110

자기 몸을 인정하자 112

나에게 이로운 SNS 이용법 114

체중계로는 잴 수 없는 5가지 116

고민 상담

> 전 항상 친구들보다 좀 뚱뚱했어요. 나뭇가지처럼 마른 여자아이들에 비하면 말이에요. 중학교 2학년*이 되면서부터는 점점 더 콤플렉스를 느끼게 되었어요. 같은 반 한 아이가 제 엉덩이 얘기를 하며 뚱뚱한 애 취급하고 무리에서 저를 '제외'시켰거든요.
>
> 비올레트, 13세, 52kg, 155cm, 체질량지수 21.6

> 수업 시간에 체질량지수 문제를 풀다가, 제 체질량지수가 친구들보다 높다는 걸 알게 되었어요. 그때부터 저 자신이 너무 뚱뚱하다고 느껴져요. 여섯 살 때부터 럭비를 하고 있는데도 말이에요! 살을 빼고 싶어요.
>
> 니심, 12세, 53kg, 155cm, 체질량지수 22.1

★ 프랑스에서는 초등학교 5년제, 중학교 4년제임.

 아무 옷 가게에서나 옷을 사 입을 수 있는 친구들이 부러워요. 전 성인용 오버 사이즈 가게에 가야 하거든요. 비싸기도 하고, 솔직히 십 대 스타일은 전혀 아니죠.
달리아, 15세, 85kg, 165cm, 체질량지수 31.2

수학 문제

1. 열다섯 살에 몸무게가 60kg이고 키가 155cm인 친구의 체질량지수를 구한 다음, 16~17쪽의 체질량지수 그래프를 보고 이 친구가 정상 체중인지, 과체중인지, 비만인지 답하시오.
(정답은 18쪽에)
체질량지수는 몸무게(kg)를 키의 제곱(m^2)*으로 나눈 값.

2. 자신의 몸무게와 키로 체질량지수를 구하시오.

★ 체질량지수를 계산할 때 키는 미터(m) 값을 이용함.

체질량지수가 뭐예요?

체질량지수(BMI)는 비만도를 평가하는 지표로, 키와 몸무게의 비율을 보여 줍니다. 따라서 몸무게만으로 비만인지 아닌지를 판단하는 것은 잘못이에요. 예를 들어 3개월 동안 몸무게가 5kg 늘었다면 키도 5cm 자랐을 수 있으니까요. 체질량지수는 다음과 같이 계산합니다.

체질량지수(BMI)

= 몸무게(kg) ÷ 키의 제곱(m^2)

성인의 경우에는 체질량지수로 저체중, 과체중, 비만을 나누는 기준이 있습니다. 만 20세 이상 성인에서 체질량지수가 18.5 미만이면 저체중, 23~24.9이면 과체중, 25 이상이면 비만으로 간주되지요.

체질량지수(BMI)
= 몸무게(kg) ÷ 키의 제곱(m^2)

아동과 청소년은 소아청소년 성장도표를 참고하여 나이에 따라 체질량지수를 해석해야 합니다. 소아청소년 성장도표를 참고하면 자신이 정상 체중인지, 저체중인지, 과체중 또는 비만인지 알 수 있지요. 또 현재뿐만 아니라 나이에 따라 비만의 기준이 어떻게 변해 가는지도 객관적으로 살펴볼 수 있어요. 사실, 과체중 또는 비만이라는 개념은 상당히 주관적입니다. 자기 자신을 어떻게 바라보는지, 남들 눈에 내가 어떻게 비치는지, 미디어에서 어떤 신체 이미지를 널리 내보내는지에 따라서도 달라지고, 그때그때 심리 상태에도 영향을 받는답니다.

소아청소년 성장도표 바로 가기

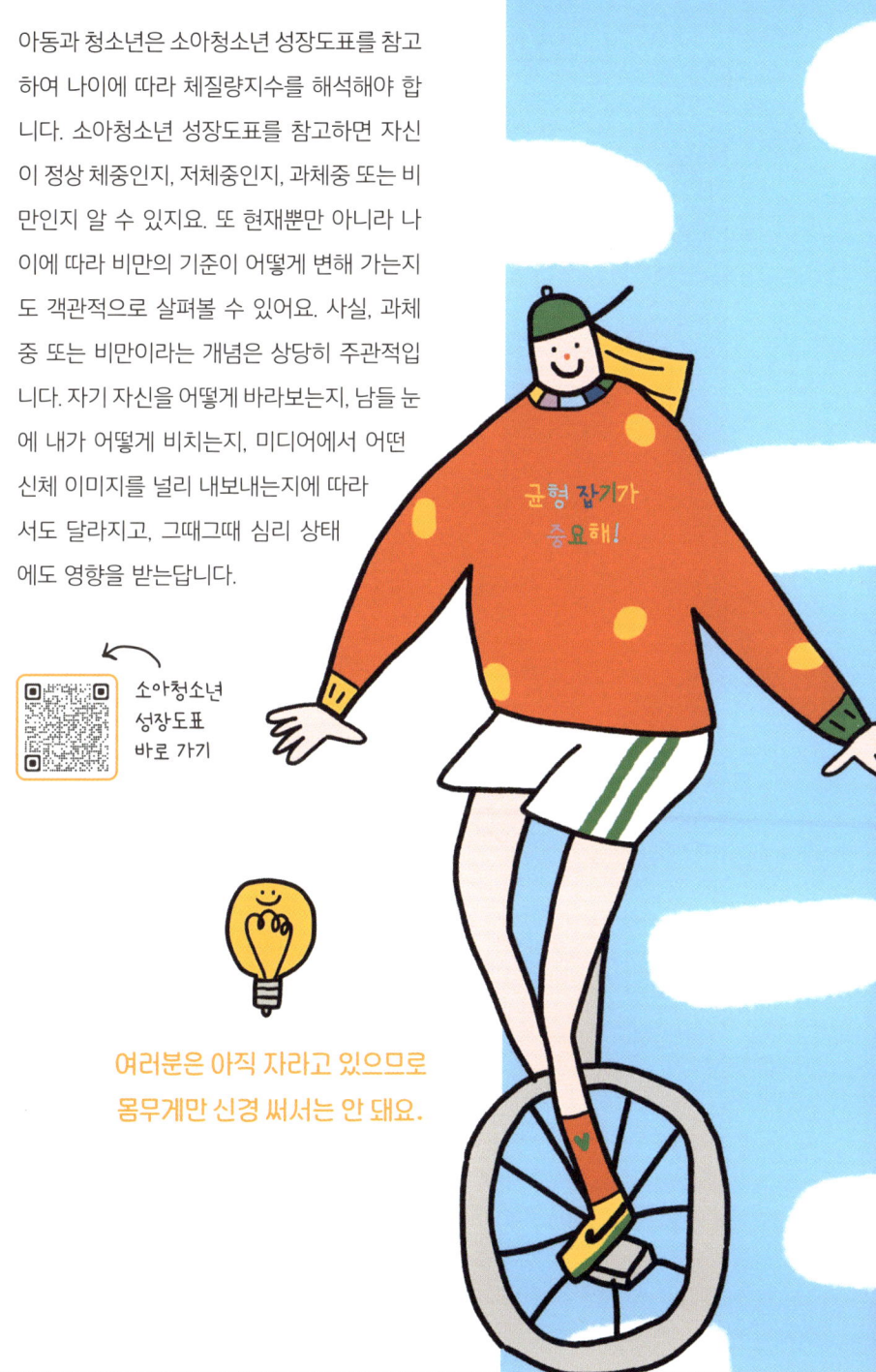

균형 잡기가 중요해!

여러분은 아직 자라고 있으므로 몸무게만 신경 써서는 안 돼요.

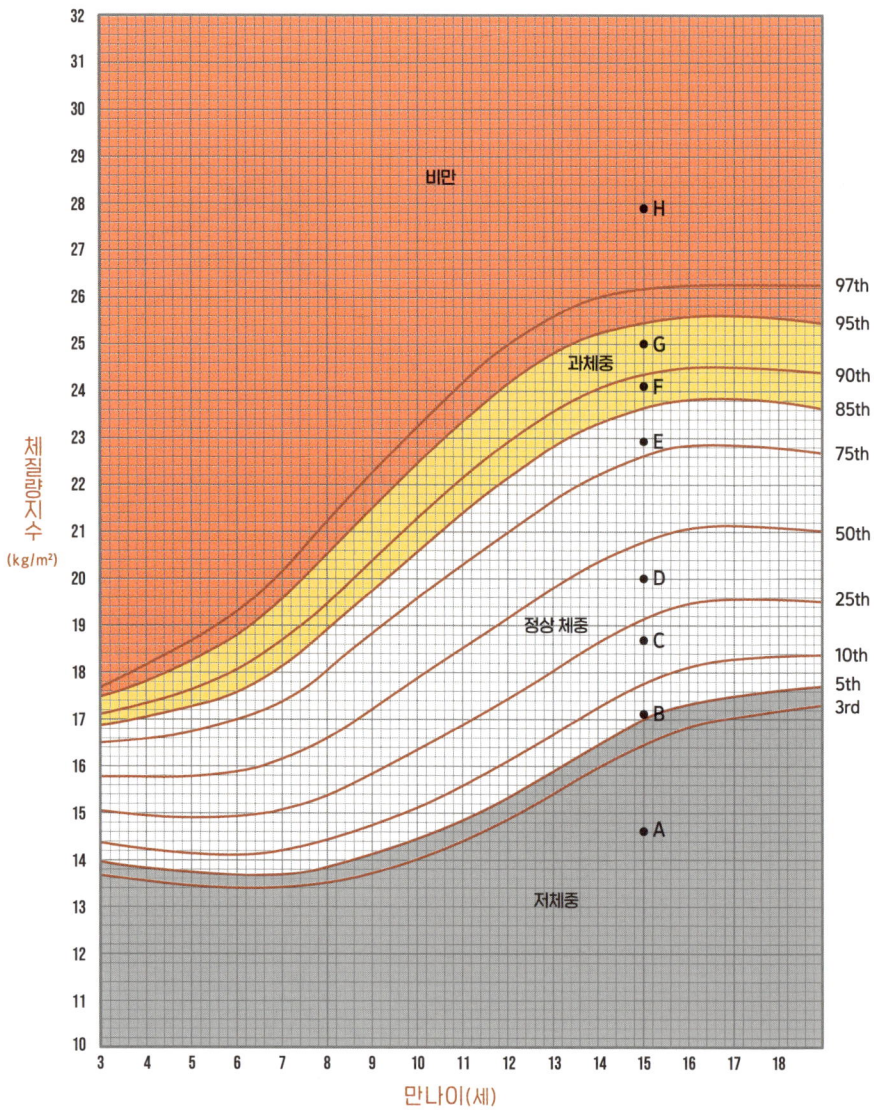

[그래프 2] 남자 3~18세 체질량지수 백분위수

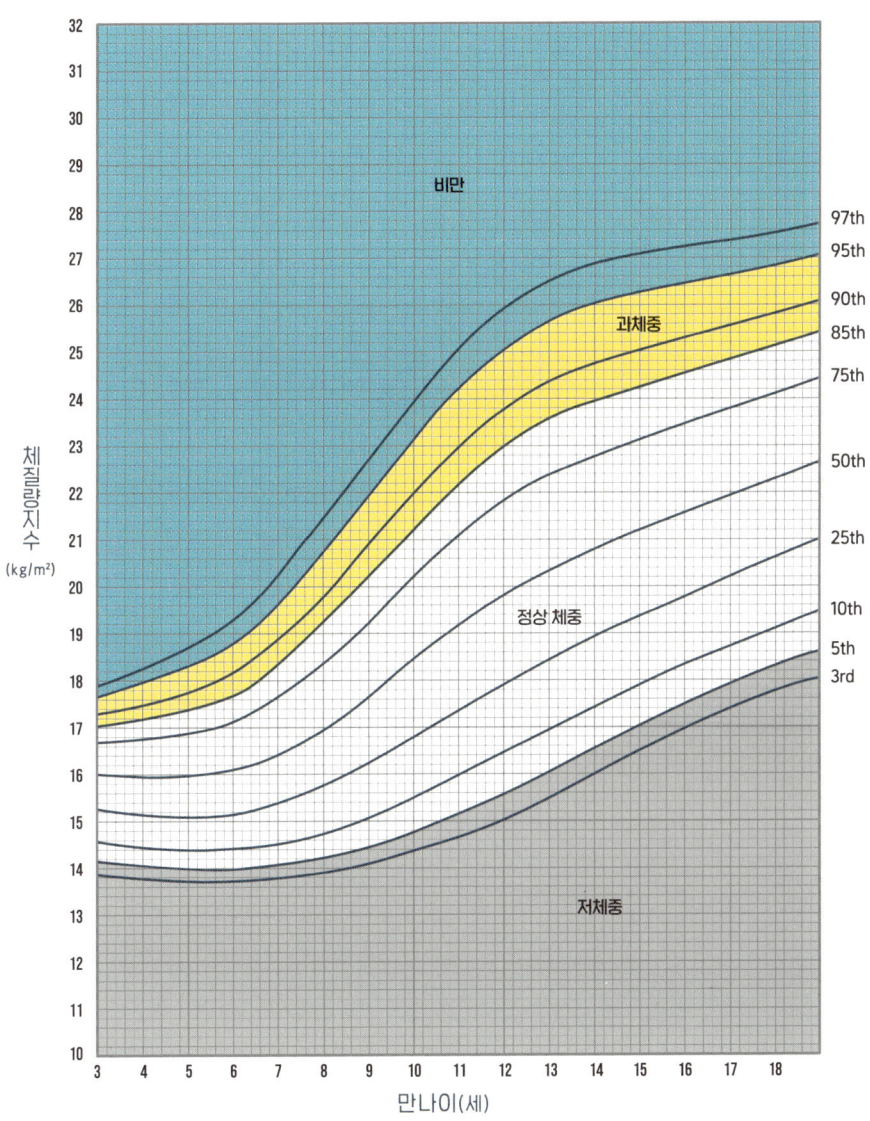

그래프 1
여자 3~18세 체질량지수
백분위수* 그래프

y축: 체질량지수
x축: 나이

표 내부 곡선 내용 하단부터
회색: 저체중 영역
노란색: 과체중 영역
주홍색: 비만 영역

H: 몸무게 67kg
BMI 27.9
G: 몸무게 60kg
BMI 25
F: 몸무게 58kg
BMI 24.1
E: 몸무게 55kg
BMI 22.9
D: 몸무게 48kg
BMI 20
C: 몸무게 45kg
BMI 18.7
B: 몸무게 41kg
BMI 17.1
A: 몸무게 35kg
BMI 14.6

그래프 2
남자 3~18세 체질량지수
백분위수 그래프

y축: 체질량지수
x축: 나이

표 내부 곡선 내용 하단부터
회색: 저체중 영역
노란색: 과체중 영역
청록색: 비만 영역

★ 여러 수로 이루어진 집합에서 수를 크기 순서로 늘어놓고서 가장 작은 수의 순서를 0, 가장 큰 수의 순서를 100이라 정한 뒤 각각의 수에 매긴 순서의 값. 크기가 같은 수는 같은 백분위수 값을 갖는다.

13쪽 문제 정답: 체질량지수 25, 과체중

체질량지수 그래프를 보는 법

체질량지수 그래프에서는 곡선에 따라 영역이 나뉩니다. 백분위수로 85 이상 95 미만에 들어 있으면 과체중이고, 95 이상이면 비만입니다. 5 미만이면 저체중이고요. 5 이상 85 미만이면 정상 체중이라 할 수 있지요.

이해를 돕기 위해 여자 3~18세 체질량지수 그래프에서 A부터 H의 알파벳 점으로 표시된 여덟 명의 여학생을 살펴보겠습니다. 이들은 모두 15세에 키는 155cm로 같지만 몸무게는 각자 다릅니다. 그래프에서 소녀 H는 비만 영역에 있고, 소녀 F와 G는 과체중 영역에 속하지요.

여학생 B, C, D, E는 정상 체중 영역에 속하지만 개인차가 있습니다. 정상 체중 영역에서도 체질량지수가 '높은' 편에 속한 여학생 E와 '낮은' 편에 속한 여학생 B는 아마도 체형이 매우 다르겠지요. 마지막으로 여학생 A는 저체중에 속합니다.

비만도를 판단할 때 꼭 기억해야 하는 것이 있어요. 바로 자신이 '타고난 체질에 맞는' 영역에 있는지를 살피는 것입니다.

체질량지수는 왜 필요해요? 정상 체중이 뭐예요?

체질량지수 그래프는 건강에 이상이 있는지 없는지 살필 때 참고하는 자료입니다. 예컨대 의사는 환자의 상태를 더 정확히 알기 위해 체질량지수 그래프를 참고합니다. 왜냐하면 환자들이 질병, 느껴지기는 하는데 확실하지는 않은 몸의 이상, 최근의 체중 증가, 오래 지속된 비만, 체중 손실, 마른 몸 등에 대해 똑같은 반응을 보이지 않기 때문이에요. 체질량지수가 의학적 기준이라는 뜻이지요.

체질량지수가 같더라도 근육량이 많으면 더 튼튼해 보입니다. 근육이 체지방보다 더 무겁기 때문이지요. 12쪽의 니심을 예로 들어 볼까요. 니심은 정상 체중 영역에서 위쪽에 있습니다. 그래서 체질량지수를 구한 뒤 자신이 뚱뚱하다고 생각했어요. 자기 체질량지수가 다른 친구들보다 높게 나왔기 때문이에요. 하지만 니심은 걱정할 필요 없어요. 니심의 체질량지수가 높게 나온 건 근육량이 많기 때문이니까요. 기억하세요. 근육은 지방보다 더 무거워요!

체질량지수 계산이 곱셈과 나눗셈을 연습하는 데 도움이 되더라도, 수업 시간에 선생님이 학생들의 신체 지표를 공개하여 상처를 주는 원인을 제공하는 것은 바람직하지 않습니다.

비올레트(12쪽)의 체질량지수는 21.6입니다. 비올레트 나이에는 정상 체중 영역의 위쪽에 해당하지요. 따라서 비올레트가 느끼는 것과는 달리 비만도 과체중도 아닙니다. 같은 반 친구가 비올레트에게 뚱뚱하다고 놀린 것은 잘못이에요. 비올레트는 의학적으로 정상이니까요. 그 친구가 그렇게 생각한 것은, 사람들이 보통 체질량지수 그래프에서 아래쪽에 해당하는 날씬한 몸을 정상이라고 여기기 때문입니다. 하지만 이는 잘못된 생각이에요. 왜 그런지는 뒤에서 다시 이야기하기로 해요.

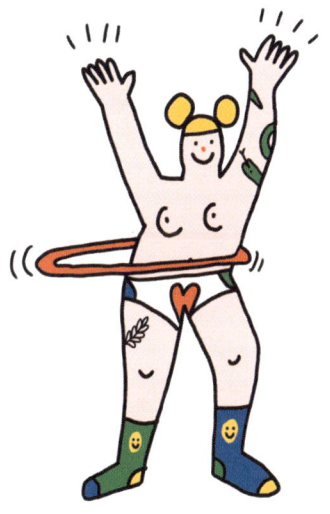

알고 있었나요?

흔한 일은 아니지만 남학생의 경우 사춘기가 시작될 때, 다시 말해 갑자기 쑥 자라기 직전인 10~12세에 일시적 과체중이 나타날 수 있어요. 하지만 성호르몬이 활발히 분비되기 시작하면 금방 살이 빠진답니다. 그러니 조금만 참고 기다려 보세요.

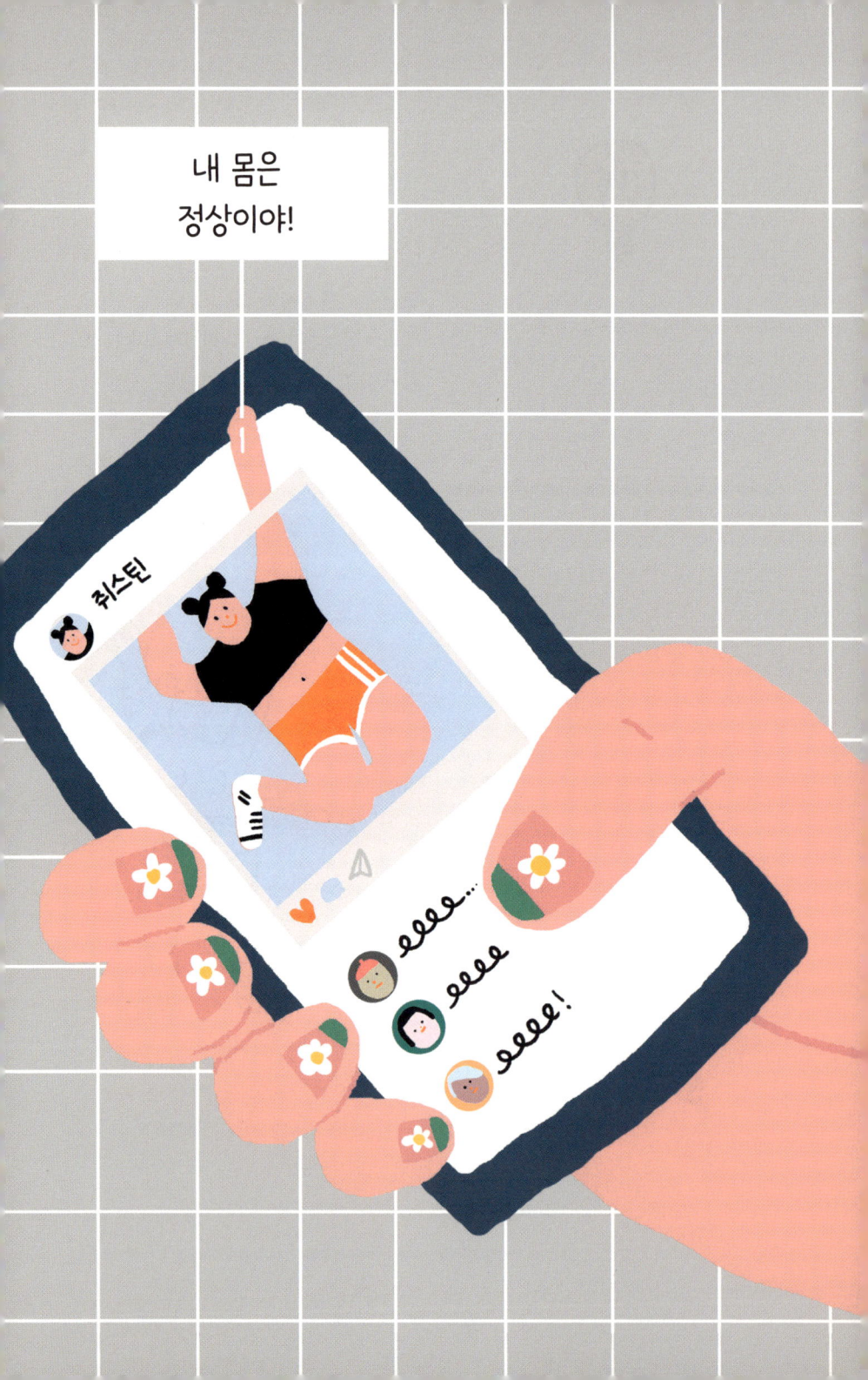

몸무게가 달라진 원인을 꼭 알아봐야 할 때

일반적으로 어린이와 청소년은 꾸준히 성장합니다. 체질량지수도 각자의 영역 안에서 꾸준히 올라가 열여섯 살쯤에 가장 높지요. 이런 경우라면 모든 게 정상입니다. 비올레트는 정상 영역에서 위쪽에 있고 앞으로도 그럴 것입니다. 의학적으로는 계속 정상인데, 비올레트와 친구들의 몸에 대한 생각이 부정적으로 바뀐 것이지요. 비올레트는 늘 친구들보다는 좀 더 통통할 거예요. 그래도 비올레트에게 다이어트는 필요치 않아요.

하지만 체질량지수 곡선의 위로든 아래로든 영역이 바뀌는 것은 경고 신호로 봐야 해요. 아래에 나오는 이네스처럼 체질량지수 그래프에서 영역이 달라지면 그 이유를 분석해 봐야 합니다. 혹시 건강에 문제가 있을지도 모르거든요. 최근에 식습관이 달라졌나요? 신체 활동이 줄었나요? 심리 상태는 어떤가요? 이러한 체중 변화를 안 좋게 경험하지는 않았나요?

고민 상담

> 부모님이 이혼하실 무렵, 그러니까 여덟 살 때 갑자기 살이 쪘어요. 그 뒤로 사람들이 항상 저를 비웃고… 지옥 같아요. 하루는 한 남자애가 계단에서 저를 밀쳤어요. 자리를 너무 많이 차지한다나요. 그리고 저는 발레가 너무 하고 싶은데… 망했죠. 이네스, 13세, 70kg, 157cm

비만이

> 비만은
> 건강을 위협할 정도로
> 몸에 지방이 많이
> 쌓이는 것입니다.

체질량지수는 몸에 지방이 얼마나 있는지를 보여 줍니다. 그래서 비만도 측정에 사용되지요. 다만 근육량이 특히 많은 사람은 체질량지수로 비만도를 알기 어렵습니다. 근육이 지방보다 무거우므로 체질량지수가 높게 나오지만, 그렇다고 지방이 많다는 뜻은 아니기 때문이에요. 세계보건기구(WHO)에서 만든 이 기준은 몸무게가 건강을 위협하는 수준인지 아닌지는 보여 주지만 몸이 어떤 모양인지는 알려 주지 않아요.

과체중은 유전되기도 합니다. 비만이 되기 쉬운 가족이 있다는 뜻이에요. 하지만 체중이 느는 가장 흔한 이유는 과식, 섬유질이 부족한 식단, 배고프지 않은데도 끊임없이 간식을 먹는 습관, 운동량이 부족하거나 가만히 앉아 있기만 하는 생활 습관, 호르몬 불균형, 약물 복용(예를 들어 부신피질호르몬제), 수면 부족입니다. 심리적 요인도 생활 방식이나 식단에 영향을 주어 체중 증가를 불러올 수 있어요. 그래서 우리는 비만을 '다인자 질병'이라고 부릅니다. 비만의 원인이 여러 가지라는 뜻이에요.

비만이 오래 계속되면 질병입니다. 또 비만은 당뇨,

걱정된다면

고혈압, 관절통, 심혈관 및 호흡기 질환과 같은 합병증을 불러오기도 하죠. 그래서 비만 예방이 공중 보건에서 매우 중요한 일입니다.

성장기 청소년이 과체중이나 비만 영역에 있다면, 의사들은 체질량지수를 낮춰 주는 체중 안정화 방법을 제안합니다. 몸무게는 비슷하게 유지하면서 키는 계속 자라도록 돕는 것이죠. 잘 알다시피, 분수에서 분자는 그대로인데 분모가 커지면 값은 작아지지요! 시간은 좀 걸리지만 노력을 들일 만한 가치는 충분해요.

어떤 청소년은 자신이 통통하다는 사실을 나쁘게 받아들이지 않아요. 자기 몸이 모델 체형이 아니란 걸 알지만, 우선순위가 다른 데 있어서 거기에 별 신경을 안 쓰는 거죠. 과체중 때문에 의학적으로 문제가 있거나 마음이 괴로운 게 아니라면, 자신의 체격을 바꾸려 들지 말았으면 해요. 그런 노력은 소용도 없거니와 위험하기까지 합니다. 물론 그렇다고 해서 여러분이 아무거나 먹어도 좋다거나, 건강하고 균형 잡힌 식사를 할 필요가 없다는 뜻은 결코 아닙니다.

과체중이 걱정되거나 문제가 된다면 전문가와 상담하세요. 인터넷에서 찾은 다이어트 방법을 무작정 따르는 것은 피해야 합니다. 너무 제한적인 식단은 영양 결핍이나 섭식 장애로 이어질 수 있다는 걸 명심하세요. 체중 조절은 균형 잡힌 식사를 하고 소홀했던 신체 활동을 다시 시작하는 것으로 충분히 가능하답니다.

몸이 말라 걱정이라면

고민 상담

" 매일 아침 학교 가기 전에 우울해요. 제가 정말 너무 말라서 다들 거식증 환자 취급하거든요. 한번은 보건 선생님이 저를 불러서 식사를 어떻게 하고 지내는지 물어보신 적도 있어요. 하지만 전 거식증하고는 전혀 상관이 없어요. 엄청 먹거든요. 저희 가족에서 여자는 모두 날씬해요. 말라 보일 정도로요. 제가 가장 콤플렉스를 느끼는 건 가슴이에요. 열일곱 살이 되면 가슴 성형을 할 생각이에요. 소피, 14세, 38kg, 153cm

성인의 경우 체질량지수가 18.5 미만이면 마른 것으로 봅니다. 성장기 청소년의 경우엔 16~17쪽 그래프에서 밑에서 두 번째 곡선 아래에 해당할 때 마른 몸이고요. 소피처럼 마른 몸을 '타고난' 사람도 있어요. 그런 사람은 항상 몸무게가 적게 나가고, 체질량지수 그래프에서도 어릴 적부터 별다른 영역 변화가 없습니다. 하지만 몸이 많이 마른 십 대를 보고서 영양 섭취 문제가 있는지 걱정하며 조심스럽게 상황을 알아보는 것은 필요한 일이에요. 타고난 것이 아니라 건강에 문제가 있거나 집안 형편이 어려워서 마른 거라면 도울 수 있으니까요.

체질량지수가 한 영역 안에서 안정하게 변화를 보인다면, 말랐다는 사실이 의학적으로 문제가 되지 않아요. 마른 몸이 콤플렉스라면 불편하겠지만요. 마른 몸을 타고난 사람이 살을 찌우는 건 어려워요(과체중인 사람이 살 빼기 어려운 것처럼). 음식을 더 많이 먹어도 살이 찔 확률은 낮습니다. 매번 더 많이 먹을 수도 없고, 또 그렇게 해서 체중이 늘어도 대부분은 일시적이지요. 온갖 비타민, 미네랄 보충제도 소용없어요. 이들은 이미 어떤 결핍도 없는 상태니까요.

마른 몸에 콤플렉스를 느끼는 남학생들은 보통 근육을 키우고 싶어 합니다. 하지만 과도한 근육 운동이나 단백질 보충제 섭취는 조심해야 하며(57쪽 막스의 경우), 성장이 끝날 때까지 기다려야 합니다. 소피와 같은 여학생의 경우, 성인이 되기 전 유방 확대 수술은 특수한 상황에서만 고려될 수 있어요. 유방이 없거나 기형인 경우처럼 심리적 고통이 클 때만 '정당화'될 수 있고, 사춘기가 끝난 후 마음이 안정되고 가족의 지지가 있을 때만 가능합니다.

위험

마른 체질과 체중 감소는 달라요.

짧은 기간에 갑자기 살이 빠진 사람과 항상 몸이 마른 사람을 똑같이 여겨서는 안 돼요. 최근에 식단을 바꾸지 않았는데도 체중이 줄었거나 이전보다 식사를 덜 하게 되었다면 의사와 상담할 필요가 있습니다.

고민 상담

난 너무 말랐어. 여자들 앞에서는 안 돼. 케빈, 13세

사춘기 몸에선 무슨 일이 일어날까?

사춘기는 호르몬의 영향으로 신체가 생식 능력을 갖추게 되는 시기입니다. 안전했던 아이의 몸에서 벗어나 여러분의 몸에 새로운 정보를 받아들여야 하는 다소 긴 기간이지요. 그래서 이 시기에 심리적으로 힘든 시간을 보내는 경우가 많아요. 그렇더라도 사춘기는 '제2의 인생이 피어나는 재탄생의 시기'라는 걸 기억하고 용기를 잃지 않기 바랍니다.

사춘기에는 성호르몬이 많이 분비되면서 몸에 털이 나고, 월경이 시작하고, 생식기가 발달합니다. 신체의 각 부분은 똑같은 속도로 변화하지 않아요. 다리가 더 먼저 자라기도 하고, 상체가 먼저 발달하기도 하지요.

여성은 10~20세에 몸매가 많이 달라져요. 사춘기 여성은 엉덩이, 허벅지, 가슴에 지방 조직이 발달하면서 몸무게가 늘어나죠. 그러다가 20세 무렵이 되면 몸매의 틀이 잡혀요. 남성은 14~15세 즈음에 근육이 발달하기 시작하고, 이후 급성장하며 체중이 증가합니다.

외롭고, 두렵고, 혼란스러워요

청소년기와 사춘기는 같은 말이 아니에요. 물론 청소년기와 사춘기는 관련이 있고, 둘 다 성인이 되어 가는 과정이지요.

신체 변화와 함께 사춘기가 오면서 청소년기가 시작합니다. 그리고 이러한 신체 변화는 마음의 혼란으로 이어지지요. 여기서 기억해야 할 중요한 사실 하나! 청소년기와 사춘기가 꼭 발맞춰 진행되지는 않는답니다. 예를 들어 사춘기 이전의 소년이 심리적으로 성숙할 수도 있고, 이미 성숙해 보이는 소녀가 겉보기와는 달리 자신을 아직 어린 소녀로 느낄 수도 있습니다. 눈에 보이는 것은 몸이지 머릿속의 생각이 아니니 사는 게 단순하지 않지요!

사춘기의 시작과 과정은 사람마다 많이 달라서 때로는 자신이 남들과 다르다는 느낌을 받을 수도 있어요. 또한 성호르몬이 활발히 분비되면서 2차 성징이 시작합니다. 몸이 감당할 수 없을 만큼 빠르게 변화하면서 신비하고, 짜릿하고, 때로는 두려운 느낌이 들지요. 좋기도 하지만 불안하기도 한 기분이 마구 밀려들어요.

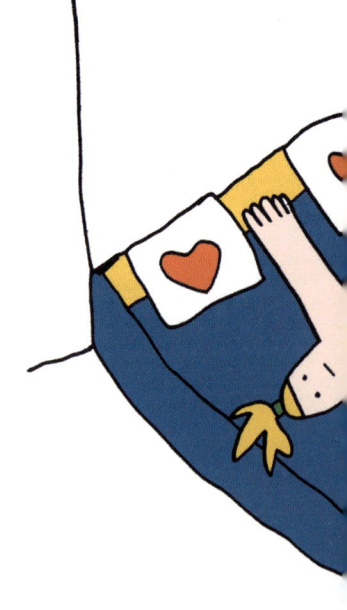

그렇다면 여러분의 머릿속은 어떨까요? 이 시기에는 자신이 누구인지, 어디서 왔고 어디로 가는지, 삶에 어떤 의미가 있는지 등과 같은 자기 자신에 대한 질문을 붙잡고 지냅니다. 그리고 자신의 기준에 따라 생각하기 시작하죠. 성숙해진다는 뜻이에요.

여러분이 달라짐에 따라 부모님과의 관계는 좀 더 복잡해져요. 더 많은 자유를 원하고 스스로 살아가길 바라면서도 부모님이 여러분을 좀 더 믿어 주었으면 하는 마음도 있어요. 동시에 부모님과 함께하기를, 그리고 여전히 부모님이 토닥여 주기를 바라지요.

'질풍노도의 시기'라는 말처럼 이러한 모든 변화를 받아들이기란 여간 어렵지 않습니다. 이러한 청소년기를 남보다 더 혼란스럽게 겪는 사람도 있어요. 만일 여러분이 심각한 불안이나 외로움을 느끼거나, 이해받지 못하거나 우울하다고 느낀다면, **신뢰할 수 있는 사람과 이야기하고 전문가에게 문의하세요.**

청소년상담1388(일반 전화 '국번 없이 1388', 휴대전화 '지역번호+1388'. www.cyber1388.kr)

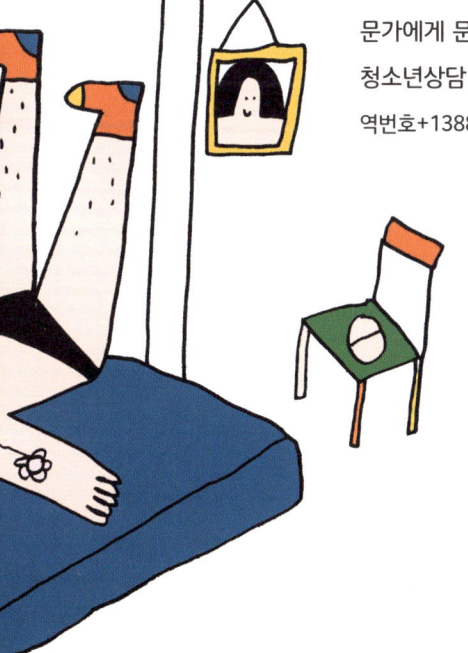

2
몸에 이로운 생각

신체상

신체상(body image)이란 '머릿속에 떠오르는 자기 몸의 모습'을 가리킵니다. 신체상은 삶의 경험, 그리고 부모님과 친구에게 받은 정서적인 영향을 바탕으로 형성된 자신의 이야기(예를 들면, '나는 이런 사람이 되고 싶어' 같은)와 이어져 있어요. 따라서 신체상은 사람마다 제각각이에요. 그리고 자기 몸의 경계와 몸이 어떻게 작동하는지에 대한 알아차림을 가리키는 '신체 도식'과 신체상이 다른 개념이라는 것도 알아 두세요.

신체상은 아주 어린 시절에 생겨나 계속 바뀌는데, 청소년기는 신체상을 형성하는 데 매우 중요한 시기입니다.

고민 상담

> 중 2 야외 활동 수업이 걱정돼요. 수영장에 가면 수영복을 입어야 할 텐데, 가슴이 너무 커서 남자애들이 어떻게 볼지 두려워요.
>
> 앨리스, 13세

테스트

당신은 긍정적 신체상을 갖고 있나요, 부정적 신체상을 갖고 있나요? 아래에서 해당하는 항목에 표시해 보세요.

긍정적 신체상

- ☐ 나는 내 몸을 있는 그대로 본다.
- ☐ 나는 내 몸을 지금 있는 그대로 받아들인다.
- ☐ 나는 내 몸의 기능과 특성을 받아들인다.
- ☐ 나는 내 몸과 신체 능력에 자신감이 있다.
- ☐ 나는 내 몸을 소중하게 다룬다.
- ☐ 나는 내 몸을 있는 그대로 누린다.
- ☐ 나는 음식을 잘 선택한다.
- ☐ 나는 먹고 싶을 때 먹는다.
- ☐ 나는 체중이 때때로 변하는 것을 받아들인다.

부정적 신체상

- ☐ 나는 내 몸의 크기나 모양을 잘못 인식한다(왜곡된 신체상).
- ☐ 나는 내 몸에 대해 아쉬움, 수치심, 죄책감 또는 증오를 느낀다.
- ☐ 나는 내 몸의 어느 곳을 하찮게 여기거나 거부한다.
- ☐ 나는 내 몸과 신체 능력을 의심한다.
- ☐ 나는 내 몸에 주의를 기울이지 않고, 몸에서 필요로 하는 것을 거부하거나 알아차리지 못한다.
- ☐ 나는 이상적 몸매에 맞게 내 몸을 바꾸려 한다.
- ☐ 나는 혹독한 다이어트 중이다.
- ☐ 나는 강도 높은 운동을 한다.
- ☐ 나는 운동을 좋아서가 아니라 해야 하기 때문에 한다.

부정적 신체상 항목에 더 많이 표시했나요? 그렇다면 이 책을 다 읽고 나서 다시 한번 테스트해 보세요. 여러분의 선택이 변하지 않고 부정적 신체상을 계속 가지고 있다면, 전문가와 상담하거나 청소년상담 1388(일반 전화 '국번 없이 1388', 휴대전화 '지역번호+1388', www.cyber1388.kr)에 문의하세요.

자신이 너무 뚱뚱하다고 생각한다면

고민 상담

> 우리 집 여자들은 모두 말랐어요. 저는 제가 너무 뚱뚱하다고 항상 생각해요. 그래서 하루하루가 힘들어요. 필리핀, 15세

체질량지수가 정상인데도 뚱뚱하다고 생각하고 살을 빼려는 청소년이 많아요. 우리 사회에서 통통한 몸매는 좋은 평가를 못 받고, 날씬한 몸은 가치 있게 여겨지기 때문이지요! 하지만 이상적인 몸무게란 존재하지 않아요. '적정' 체중, 즉 스스로 건강하다고 느끼고 건강에 이상이 없는 몸무게가 있을 뿐입니다.

그럼에도 SNS와 방송에서는 체질량지수 그래프의 아래쪽에 있는 마른 체형만 정상으로 여겨요. 또 옷 가게에서는 작은 사이즈 옷만 팔죠. 사회가 이러한데 어떻게 스스로 뚱뚱하다고 느끼지 않을 수 있겠어요! 하지만 어떤 사람들의 몸은 체중이 좀 더 나가도록 프로그램되어 있어요. 어떤 사람에게는 살이 잘 붙거나 이미 붙은 살이 빠지지 않는 특성이 중요할 수 있답니다.

날씬한 몸매는 또 하나의 '자격증'으로 인정됩니다.
— 가짜 뉴스!

살찌는 체질이 진화를 통해 선택되었다고 설명하는 연구자들이 많습니다. 우리 중 일부는 오래전 먹을 것이 절대적으로 부족했던 힘든 시기를 견디느라 몸에 양분을 저장하는 능력을 꽃피운 조상의 후손이라는 것이죠. 지금이 풍요로운 시대라서, 한때 칭송받던 풍만함이 단점이 된 것은 아닐까요.

멋진 몸의 기준은 세계 어디에서나 똑같지 않나요?

무엇이 정상일까요? 그건 사회에 따라 조금씩 다릅니다. 유럽에서 여성의 평균 비만도가 가장 낮은 나라는 프랑스입니다. 그런데 여성들이 더 날씬해지기를 원하고 날씬한 몸매에 더 높은 가치를 매기는 나라 역시 프랑스입니다. 실제로 성인의 평균 체질량지수는 프랑스 여성이 23.2, 영국 여성이 26.2인데, 여성들이 생각하는 이상적 체질량지수는 이보다 더 낮아서 프랑스 여성들은 19.5, 영국 여성들은 20.7이라고 답했어요. 남성들에게 여성의 이상적 체질량지수에 대해 물었더니 프랑스 남성은 22, 영국 남성은 22.5, 덴마크 남성은 22.8이라고 답했습니다. 그렇다면 아프리카, 미국, 아시아에서는 어떨까요? 뒤에서 살펴보겠지만, 남성들이 선호하는 여성의 이상적 체질량지수보다 여성들이 선호하는 이상적 체질량지수가 더 낮답니다(46~47쪽 보기)!

> 고민 상담

" 외가 친척들이 사는 아일랜드에 가면, 제가 카라 델레바인*이 된 느낌이에요! 잔느, 17세

★ 영국 배우이자 모델.

아름다움의 기준은 나라마다 다르답니다

그 증거로, 나라마다 사람들이 아름답다고 생각하는 남성과 여성의 모습을 그려 보았습니다.

러시아   미국   영국   인도네시아   오스트레일리아

베네수엘라   미국   이집트   중국   스페인

날씬함도
제각각

고민 상담

" 자신감이 없어요. 거울을 볼 때마다 볼록 나온 배도 싫고 허벅지가 서로 닿는 것도 싫어요. 또 가슴은 너무 커요. 엠마, 14세

" 저는 카다시안 자매들과 같은 모래시계 몸매를 갖고 싶어요. 사라, 15세

많은 십 대 소녀들이 자신의 정상적인 체형 변화를 잘 받아들이지 못합니다. 미디어 속의 이미지, 즉 날씬하고 군살 없는 매끈한 몸매와 거리가 멀기 때문이에요. 많은 사람이 날씬함을 아름다움, 성공, 때로는 건강의 증거라고 생각해요. 그렇지만 너무 마른 몸은 거부하죠.

'정상적인' 몸은 납작한 배, 늘씬하고 단단한 허벅지, 가느다란 팔로 통합니다. 예전에는 삐쩍 마르고 키가 커서 아스파라거스를 닮은 몸매가 유행했지만, 10여 년 전부터는 그보다 좀 '덜 야윈' 몸매를 예쁘다고 생각하죠. 하지만 사라가 말하는 모래시계 몸매(가는 팔다리, 잘록한 허리, 큰 가슴과 엉덩이)를 갖기란 매우 어렵습니다. 체형은 우리가 정하는 게 아니에요. 그리고 이상적인 몸매에 자연스럽게 도달할 수 있다고 믿는 것은 환상이지요.

십 대들이 작성한 설문지를 보면 놀라운 차이가 드러납니다. 여학생들은 남학생에게 잘 보이기 위해 굉장히 마른 몸매를 원하지만, 같은 또래의 남학생들은 오히려 살짝 통통한 몸매가 더 여성스럽고 매력적이라고 응답하는 것이죠.

여학생들은 처음에 여성스러움이 몸으로 드러나는 것을 가리거나 막기 위해서 날씬해지고 싶어 하기도 해요. 그러다 나중에는 완벽하다고 여겨지는 몸매에 맞추고자 하는 욕망이 생겨난답니다.

날씬함 = 아름다움 = 건강?

이와 같은 생각이 사람들의 마음속에 깊이 뿌리박혀 있어요. 그래서 날씬한 몸은 아름다움의 이상이자 건강과 성공의 기준으로 강요되고 있습니다. 반대로 뚱뚱한 사람들은 아름답거나 건강하지도 않고, 성공과도 거리가 멀다고 여겨지고요. 그러나 모든 시대에 항상 그랬던 것은 아니랍니다.

특히 빈곤의 시대에 마른 몸은 나약함과 가난을, 풍만한 몸은 권력과 풍요로움을 뜻했습니다. 르네상스 시대에는 풍만한 체형이 부와 건강, 성적인 매력의 상징이었지요. 제2차 세계대전과 그에 따른 고난의 시대를 거치며 할리우드에서는 가슴이 큰 여성을 선호했고요.

사람들은 오랫동안 날씬함을 찬양해 왔지만, 주목하는 신체 부위가 늘 같았던 것은 아닙니다. 그리고 앞에서 살펴본 것처럼 문화에 따라서도 선호하는 체형이 다르지요. 뜻밖이겠지만 여성이 말라서는 안 되는 몇몇 나라도 있답니다.

알고 있었나요?

정상 체중인 여학생의 4분의 1은 자신이 '조금' 또는 '많이' 뚱뚱하다고 생각하고 다이어트를 원한대요.

15세 여학생의 43%(17세에는 42%)가 다이어트를 한 번 이상 해 봤고, 남학생의 경우엔 15세에 23%, 17세에 27%가 다이어트를 해 봤다고 합니다. 그러나 한창 성장기의 청소년이 다이어트를 하려는 것은 좋은 생각이 아니에요. 다이어트가 자존감을 낮추기도 하고, 극단적인 음식 제한(일회성 단식, 식사 거르기, 구토 유발)으로 인해 요요 현상이나 섭식 장애라는 악순환에 빠질 수 있기 때문입니다(90쪽 보기).

고민 상담

> 채소와 요구르트는 살 빠지는 음식이고, 탄수화물 음식과 빵은 살찌는 음식이에요. 저는 다이어트를 할 때 굉장히 철저해요. 하지만 스트레스를 받거나 형이 앞에서 제게 금지된 음식을 먹으면 못 참아요.

너무 맛있어.

이게 마지막이야, 알았지?

또 이러고 있네…

안 돼, 참아야 해!

'오늘은 어쩔 수 없다, 그냥 먹어야지.' 이렇게 생각하고는 곧바로 다 먹어 치우죠. 그러고 나서 물론 후회하고 다시 결심해요. '내일부터 다이어트다!'
라시다, 16세

테스트

자신의 몸매가 몇 번이라고 생각하나요?
어떤 몸매를 갖고 싶은가요?
자신의 몸매는 실제로 어떤가요?

믿을 수 있는 사람과 함께 테스트해 보세요.
생각이 여러분을 속이고 있을지도 모릅니다!

십 대 청소년을 대상으로 9가지 체형에 관해 물어보았어요.

여학생들의 생각

조사에 참여한 여학생들은 대체로 자신의 체형이 4보다 조금 말랐다고 답했어요. 그리고 남자들이 체형 3을 좋아할 거라고 말하면서도 자기는 체형 2가 되기 위해 살을 빼고 싶다고 했습니다. 실제로도 여러 남학생이 좀 더 통통한 여성 3번 체형에 더 끌린다고 답했습니다. 이처럼 여학생들이 바라는 체형과 남학생들이 이상적으로 생각하는 체형 사이에는 거리가 있답니다.

남학생들의 생각

조사에 응한 남학생들은 여자들이 남성 4번 체형을 좋아할 거라고 답했지만, 여학생들은 남성 3번 체형이 더 좋다고 답했어요. 대부분의 남학생은 자신을 4번 체형이라 여기고, 그 체형을 유지하고 싶어 했습니다.

이성의 마음에 들고자 하는 것은 살을 빼려는 여러 동기 가운데 하나일 뿐이에요. 대부분의 여학생이 남학생이 좋아하는 체형보다 더 날씬해지기를 원했다는 위의 조사 결과에서도 이 사실을 알 수 있습니다.

잘 먹고 잘 자야 하는 이유

영양 섭취는 성장에 매우 중요합니다. 우리 몸에는 탄수화물, 지방, 단백질이 제공하는 필수 에너지 외에도 물, 비타민, 무기질이 필요해요. 인간을 '잡식 동물'이라 부르는 것은 골고루 먹어야 균형 잡힌 영양을 섭취할 수 있기 때문입니다. 예를 들어 뼈가 자라고 유지되기 위해 필요한 칼슘은 유제품에서 얻을 수 있고, 비타민 D는 생선과 굴 같은 몇몇 해산물에 들어 있지요(햇볕을 쬐면 몸에서도 생산됩니다). 또 근육이 만들어지는 데 필요한 비타민 B 그룹은 렌틸콩이나 고기와 같은 식품에 풍부하게 들어 있어요. 채식주의자가 되고 싶다면 영양소가 부족하지 않도록 꼼꼼하게 식단을 짜야 합니다.

그리고 잠! 잠을 잘 자야 해요. 우리 몸이 호르몬을 가장 많이 만들고 뼈가 성장하라는 신호를 가장 많이 받는 때가 밤이기 때문이에요.

정리하면, 다양하게 골고루 먹고, 신선한 공기를 마시고, 움직이고, 자고, 즐겨야 합니다!

라시다(44쪽)가 잘못 알고 있는 게 있습니다.
채소와 요구르트는 살 빠지는 음식이 아니거든요.
어떤 음식도 체중을 줄여 주지 않습니다! 또 탄수화물
음식이나 빵이 살찌게 하지도 않습니다.
살찌게 하는 음식이란 없어요. 체중은 몇 살에 얼마나
먹느냐에 달려 있습니다.

배고파!

> **고민 상담**

❝ 전 항상 먹고 싶어요. 수납장이나 냉장고에서 뭐든지 꺼내 먹지요. 배가 하나도 안 고파도 식사 때면 식탁으로 가서 엄마가 준비해 두신 음식을 먹기도 해요. 파니, 16세

❝ 식사를 마치면 언제나 너무 많이 먹은 것처럼 배가 아파요. 특히 혼자 먹을 때나 컴퓨터 앞에서 먹을 때 빨리 먹는 것 같아요. 할머니는 제가 음식을 씹지도 않고 통째로 삼킨다고 하세요. 프레드, 14세

❝ 엄마는 제가 너무 많이 먹어서 폭식증이라고 하세요. 특히 학교 갔다 집에 돌아와서 엄청 먹거든요. 근데 전 정말 항상 배가 고파요. 미샤, 15세

50쪽부터 55쪽에 나오는 단어로 십자말을 완성하시오(정답은 55쪽에).

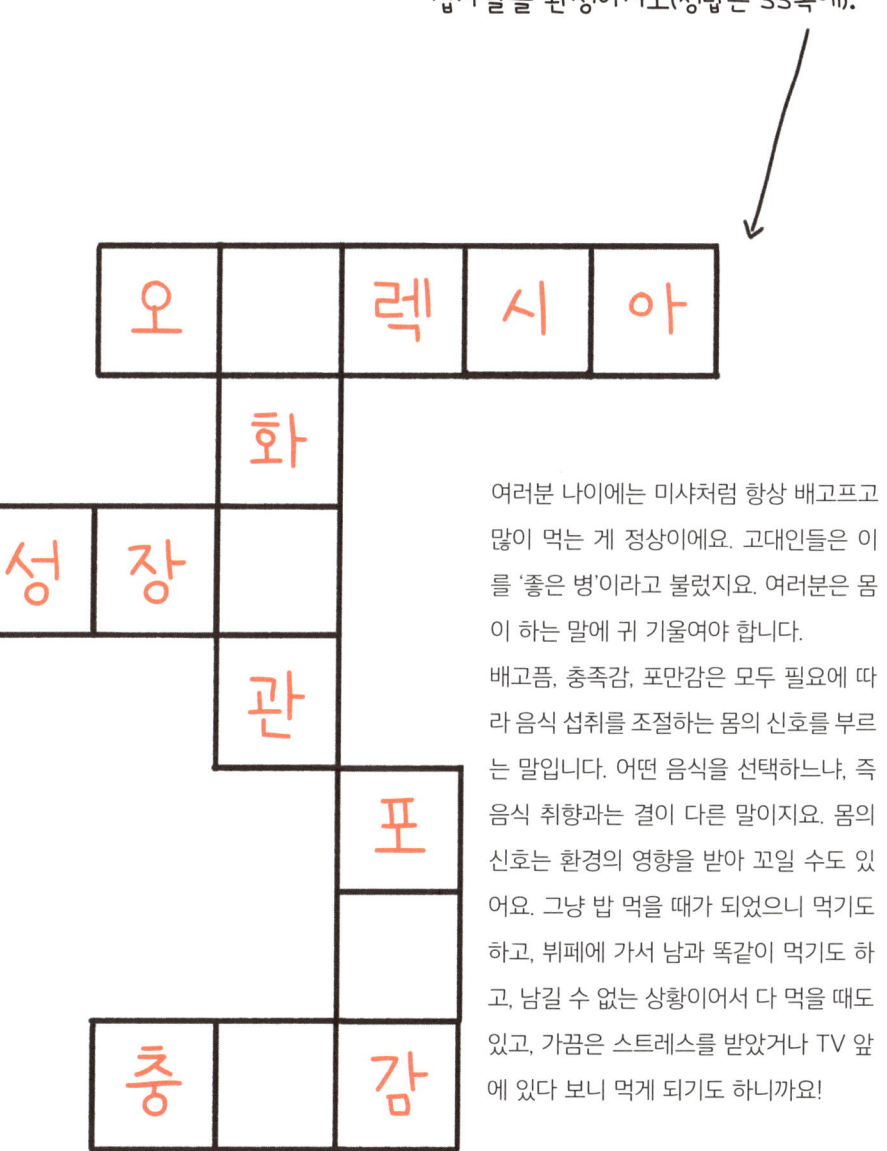

여러분 나이에는 미샤처럼 항상 배고프고 많이 먹는 게 정상이에요. 고대인들은 이를 '좋은 병'이라고 불렀지요. 여러분은 몸이 하는 말에 귀 기울여야 합니다.

배고픔, 충족감, 포만감은 모두 필요에 따라 음식 섭취를 조절하는 몸의 신호를 부르는 말입니다. 어떤 음식을 선택하느냐, 즉 음식 취향과는 결이 다른 말이지요. 몸의 신호는 환경의 영향을 받아 꼬일 수도 있어요. 그냥 밥 먹을 때가 되었으니 먹기도 하고, 뷔페에 가서 남과 똑같이 먹기도 하고, 남길 수 없는 상황이어서 다 먹을 때도 있고, 가끔은 스트레스를 받았거나 TV 앞에 있다 보니 먹게 되기도 하니까요!

배고픔

배고픔은 생리적 욕구입니다. 몇 가지 음식에 대해서만 느껴지는 것이 아니라 무엇이든 먹고 싶은 상태죠. 위에 구멍이라도 났는지 여러분의 몸이 음식을 달라고 소리치죠! 항상 배가 고프고, 남들보다 유난히 더 자주 배가 고프기도 해요. 성장기에는 더욱 그러한데, 모두 정상입니다. 이래도 되나 싶기도 하겠지만, 자세히 살펴보면 그날그날 다르고, 끼니때마다도 다르며, 운동 전후로도 다릅니다. 여러분의 몸에 귀 기울이면 신호에 따라 식사량을 조절할 수 있어요.

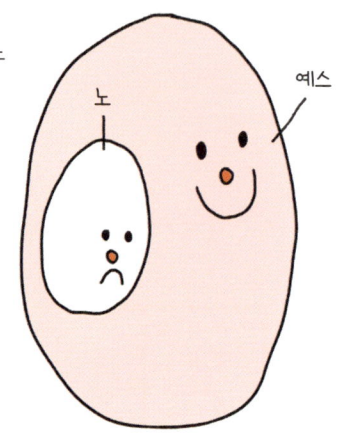

십 대라고 모두 같지도 않아요. 각자 자신의 속도로 자라고 있으므로 필요한 것도 다 다르지요. 따라서 누구에게나 맞는 단 하나의 식단이란 없어요. 그리고 성별에 따라서도 배고픔을 다르게 느낍니다. 예컨대 남학생은 여학생보다 늦게 성장하고 근육량도 더 많아서, 십 대 중반에 이르면 배고픔을 더 느끼고 더 많이 먹을 거예요. 파니는 식사를 준비하신 엄마가 고마워요. 차려 주신 음식을 안 먹을 수는 없으니 간식을 줄이는 게 현명하겠지요. 파니는 정말로 배가 고픈지, 먹고 싶은 욕망이 심리적인 데서 오는 건지, 아니면 습관적으로 먹는 건지 살펴봐야 합니다. 어쩌다가 간식을 먹는 거라면 성장기 몸의 필요를 충족시키는 방법이 될 수 있어요. 하지만 습관적으로 먹는 거라면 간식을 줄일 수 있겠지요.

먹고 싶은 욕망

먹고 싶은 욕망이 꼭 몸의 필요에서 오는 것은 아니에요. 이 욕망은 좋은 냄새를 맡거나 먹음직스럽게 생긴 케이크를 봤을 때와 같이 감각에 의해 일어날 수 있습니다. 그리고 심리적 원인에서 올 수도 있어요. 예를 들면 다이어트 기간 중 자신에게 금지된 것을 먹고 싶은 욕망이 그렇습니다. 또는 '위로 음식'이란 말이 있듯이 스트레스, 분노, 슬픔 등을 느낄 때 자신을 위로하고 감정을 달래기 위해 먹고 싶은 욕망이 들기도 하지요. 이럴 때 먹으면 폭식으로 이어질 수 있습니다. '배고픔'이라는 생리적 신호에 따른 것이 아니기 때문에 라시다처럼 제어가 되지 않아요(44쪽 보기). 만약 식욕이 제어되지 않는다면 망설이지 말고 주위에 도움을 요청하세요.

포만감

배고픔이 없는 상태.

충족감

충족감은 이제 배가 부르니 그만 먹으라는 신호로, 세 가지로 이루어집니다. 바로 칼로리 신호(탄수화물, 단백질, 지방과 같은 영양소가 흡수될 때 뇌에서 인식), 용량 신호(위의 팽창), 쾌감 신호(입안에서 음식을 씹을 때의 쾌감)입니다. 50쪽의 프레드처럼 씹지도 않고 통째로 삼키면 제시간에 충족감을 느끼지 못할 거예요. 칼로리 충족감은 음식을 먹고 30분이라는 긴 시간 뒤에 느낄 수 있거든요. 그 30분 동안에는 위에서 보낸 음식의 양에 대한 신호와 입에서 보낸 음식을 씹는 쾌감이 충족감을 형성해 나갑니다. 이 세 가지 신호는 입에서 장까지 소화기관을 따라 매우 복잡하게 연결된 시스템을 통해 뇌에 전달됩니다. 우리의 다섯 가지 감각(시각, 촉각, 미각, 후각, 청각)도 충족감을 느끼도록 도와줍니다. 또 배고플 때는 맛을 더 강하게 느끼고 배가 부르면 음식 먹는 즐거움이 줄어듭니다. 따라서 천천히 씹으면서 맛을 느끼고 충족감을 느끼는 것이 중요해요.

이러한 과정은 상황에 따라 방해받을 수 있다는 점도 잊지 마세요. 충분히 씹지 않고 삼키거나, TV나 스마트폰을 보면서 또는 선 채로 급하게 먹으면, 몸의 신호에 주의를 기울이지 못하고 과식하게 될 수 있습니다.

또한 몸에 좋은 음식과 나쁜 음식으로 나누다 보면, 먹으면 즐겁지만 '안 좋다고 생각되는' 음식(예를 들어 지방질 음식이나 당류)을 부정적으로 받아들여 몸이 보내는 신호가 꼬이고, '좋다고 생각되는' 음식(예를 들어 저지방 식품)을 과식하게 되기도 합니다. 머리보다 몸을 따르세요(그렇다고 매번 '정크푸드'를 먹으란 말은 아닙니다). 건강하게 먹는 것은 분명 좋은 일이지만, 건강 식단에 집착하는 오소렉시아(건강 음식 집착증)에 빠지지 않도록 주의해야 합니다(93쪽 보기).

부모님은 여러분에게 건강하고 안전한 음식을 주고 계실 거예요. 얼마나 먹을지는 여러분이 정하는 것이니 매번 주어진 양을 다 먹어 치울 필요는 없어요!

균형 잡힌 식단은 한 끼 식사로 완성되지 않아요.
하루하루, 한 주 한 주, 한 달 한 달, 나아가 평생에 걸쳐 이루어 나가는 것입니다.

이럴 땐 이런 운동!

남자든 여자든 보통은 더 나은 몸매를 만들기 위해 운동을 시작합니다. 여기서 기억해야 할 사실 하나! 운동은 살을 빼 주지 않아요. 대신 근육량을 늘려 몸을 새롭게 만들어 주지요. 운동을 해도 체중은 그대로거나 오히려 늘어요. 근육의 무게가 무겁기 때문이에요. 하지만 몸매가 다듬어지고 몸이 더 단단해진답니다.

- 허벅지와 엉덩이 강화: 자전거 타기, 스케이트 타기, 빠르게 걷기, 수영
- 군살 없는 근육질 팔과 어깨 만들기: 윈드서핑, 배구, 농구
- 전신 강화: 수영, 수중 에어로빅, 아티스틱 스위밍, 춤
- 단단하고 매끈한 복근 만들기: 무용, 격투기, 체조

운동의 효과는 아무리 반복해서 말해도 결코 지나치지 않습니다. 운동은 사회성, 자신감 그리고 자존감을 높여 줍니다. 또한 식욕을 제어하는 능력을 키워서 먹는 양을 스스로 조절할 수 있게 해 주지요. 활동적인 생활을 하면 몸은 무엇이 필요한지를 더 잘 표현합니다.

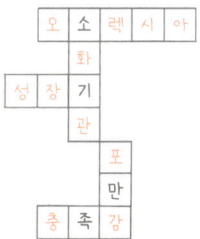

51쪽 십자말풀이 정답

남학생들이 꿈꾸는 근육질 몸

고민 상담

" 저는 근육이 별로 없어요. 틱톡을 보면 다들 근육이 장난 아니죠. 아벨, 15세

대부분의 남학생은 사춘기가 되면 키가 쑥 자라고, 어깨가 발달하며, 근육량이 지방보다 크게 증가합니다. 그래서 성장과 근육 발달이 조금만 늦어져도 너무 작고, 마르고, 근육이 부족하다는 콤플렉스가 생길 수 있어요. 또한 남자 모델이나 인플루언서의 큰 키와 근육질 몸매를 부러워한 나머지 일부 남학생은 다이어트, 과도한 근육 운동, 보충제 섭취와 같은 부적절한 행동을 하기도 하죠.

고민 상담

" 키가 엄청 빨리 자랐어요. 전 너무 가느다란 팔다리도 보기 싫고, 근육 없이 밋밋한 가슴도 싫어요. 전 너무 말랐어요. 인터넷에서 근육을 키우는 데 단백질이 효과적이라는 글을 봤어요.

막스, 15세, 52kg, 178cm

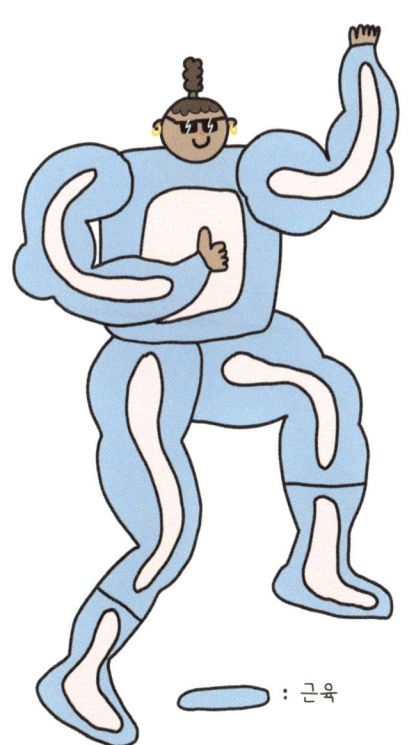

◯ : 근육

막스에게 해 주고 싶은 얘기는, 근육이 발달한 스타들이 복용하는 단백질 보충제가 노력 없이 근육을 키울 수 있는 기적의 해결책이 아니라는 거예요. SNS에서 단백질 보충제 광고를 만나면, 강도 높은 운동을 하는 성인들이 훈련 중 정해진 때에 그걸 섭취한다는 사실을 떠올리길 바랍니다. 점점 더 많은 사람이 근육 강화를 위해 단백질 보충제를 섭취하고 있지만, 건강하고 균형 잡힌 식사를 하는 십 대에게 단백질 보충제는 별 도움이 안 돼요. 그리고 근육을 늘려 주는 단백동화 호르몬제는 미성년자에게 금지되어 있습니다.

무리해서 보디빌딩과 같은 무산소 운동, 즉 강렬하고 집중적이고 반복적인 운동을 하여 근육량을 늘릴 수는 있겠지요. 하지만 몸이 다 자라지도 않았는데 본인이 생각하는 이상적 체형에 가까워지기 위해 무엇이든 하려는 생각은 바람직하지 않으며, 자칫 위험한 결과를 불러올 수도 있습니다.

신체이형

거울 속 내 모습을 오래 바라보고, 뜯어보고, 남과 비교하고…
눈에 들어오는 결점들을 어떻게든 숨겨 보려 하지만…
주저앉은 코, 뾰족한 여드름, 작은 가슴, 여기저기 솟아난 털, 납작한 엉덩이, 흉터 자국 때문에 너무 괴로워…

장애

신체이형장애는 실제로는 외모에 결점이 없거나 작은 결함만 있는데도 자기 외모에 심각한 결점이 있다는 생각에 사로잡힌 상태를 말해요. 이 상태에 빠지면 불안과 공포를 느끼고, 자기 몸이 기형적이라고 생각하고, 다른 사람들의 판단이 두려워 자기 몸을 싫어하게 됩니다. 청소년기에는 일시적으로 신체이형장애를 경험할 수 있어요. 그러나 이것이 성인이 되어서까지 지속되어 다른 사람을 만날 때 위축되거나 심각한 불안을 느낀다면 전문가의 도움이 필요할 수도 있습니다. 변화해 가는 자신의 몸을 받아들이기란 쉬운 일이 아니랍니다.

"

청소년기에 진정한 적은 자신의 몸이다.

아니 비로, 심리학자

사회의 기준에
맞추려는 마음

변화하는 자기 몸에 대한 불만(때론 몸을 있는 그대로 못 봄)이 사람들의 판단에 대한 두려움보다 더 클 수도 있어요. 청소년기에는 자신을 인정해 주지 않는 부모님의 시선에도 예민해지지만, 사회의 기준과 그것의 강력한 지배력, 그리고 패션과 SNS에서 칭송받는 '이상적인 몸'에도 예민하게 반응합니다. 이 시기에는 서로 비교하면서 가장 인기 있는 여학생이나 남학생을 닮고 싶어 하기도 하지요.

자기 자신을 아직 잘 알지 못하기에, 다른 사람의 눈에 자신이 어떻게 보일지 신경 쓰고 그들의 마음에 들고 싶어 해요. 사회의 기준이 자신에게 맞는 틀이 아니어도 거기에 맞추려고 하지요. 그런 노력이 항상 성과를 거두는 것은 아닙니다. 성장이 끝날 때까지 몸은 변하니까요. 혹시 이런 생각 해 본 적 있나요?

> 모두의 마음에 드는 것은
> 그 누구의 마음에도
> 들지 않는 것이다.

사샤 기트리, 영화 감독

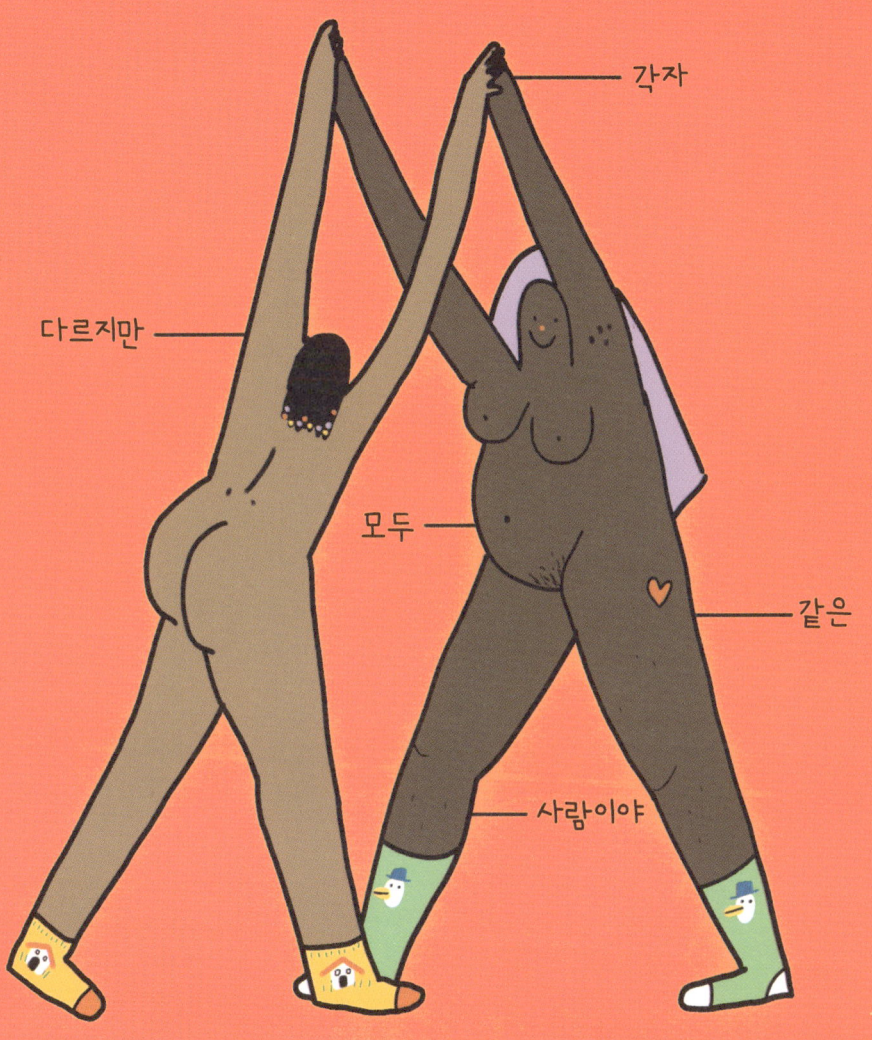

부모님은 왜 그럴까?

고민 상담

> 아빠는 제가 음식을 더 가져다 먹을 때마다 아무 말 없이 저를 쳐다봐요. 아빠가 무슨 생각을 하는지 알아요. 아빠는 열다섯 살 무렵 아주 혹독한 다이어트를 했대요. 이후 운동에 광적으로 집착했고, 먹어야 하는 것과 먹어서는 안 되는 것을 분명하게 나누게 되었죠. 아빤 제가 비만이 될까 봐 항상 걱정해요. _디에고, 14세_

부모님은 '건강'을 위해 여러분의 체중을 걱정한다고 말합니다. 건강하게 성장하고, 잘못된 식습관에서 오는 비만, 심혈관 질환, 당뇨, 암을 예방하기 위해서 체중 조절이 필요하다고도 말하죠. 부모님이 이런 걱정을 하는 건 당연해 보여요. 하지만 한편으론 부모님 자신이 품고 있는 자기 몸에 대한 (과거 또는 현재의) 불만을 그런 식으로 드러내는 것일 수도 있어요. 여러분에 대한 걱정이 부모님 자신의 문제일 수도 있다는 뜻입니다.

부모님이 무심코 몸무게나 몸매에 대해 지적할 때, 혹시 여러분이 맘껏 누려야 할 사생활이 침해당했다고 느낀 적은 없나요?

어릴 적에 몸무게로 놀림당한 기억이나 그때 느낀 굴욕감을 몇 년이 지난 후에도 여전히 기억하는 성인들이 있어요. 사소한 지적이 굴욕감을 줄 수 있고, 농담으로 던진 말이 화살이 되어 심각한 콤플렉스가 될 수도 있습니다. 자기를 무시하는 말 때문에 십 대들은 자신이 너무 뚱뚱할 뿐 아니라 자신에게 책임이 있다고 생각하게 됩니다. '난 식탐이 많고 의지력이 부족해. 몸을 잘 안 움직이고 못생겼어. 이건 다 내 잘못이야! 난 안 돼…' 이렇게 다른 사람의 평가에 자기 자신의 비난까지 더해져 이중으로 자기를 낮게 평가하는 것이죠.

미디어에서 이상적인 몸매라고 칭송하는 이미지들은 부모님 자신에게도 도움이 안 돼요. 예를 들어 외모에 관심이 많은 부모님은 사춘기 자녀가 변화해 가는 자신의 몸을 긍정적으로 받아들이는 걸 방해할 수도 있습니다. 만약 엄마가 끊임없이 다이어트를 한다면, 딸은 자기 몸매가 너무 뚱뚱하다며 부정적으로 평가하게 될 수도 있어요. 엄마가 말과 행동으로 직접 보여주는 '이상적인 여자의 조건'들을 저도 모르게 받아들이기 때문입니다.

다행히도 이런 부정적 기준은 달라지게 되어 있어요. 소녀는 자라고, 성숙하고, 변화해 나가니까요. 선생님과 친구들의 다양한 모습을 만나고 사랑의 눈길을 경험하면서, 자기가 어떤 사람인지 알고 자신을 있는 그대로 받아들이게 될 거예요. 체중계가 가리키는 숫자는 잊어버리고, 마침내 자신을 예쁘다고 여기게 될 거예요.
디에고의 아버지처럼 청소년기에 뚱뚱했고 혹독한 다이어트를 한 분이라면, 자신의 아들이 같은 고통을 겪을까 봐 걱정할 수 있습니다. 그러나 '내가 했으니 내 아들도 할 수 있어!'와 같은 생각은 지나친 억지지요. 디에고는 필요한 만큼 충분히 먹어야 해요!

실제 몸 VS

TV나 SNS에서 인기 있는 여자 연예인은 거의 다 마른 몸을 하고 있어요. 그래서인지 여성의 몸은 말라야 예쁘다고 생각하는 사람이 정말 많지요. 하지만 그런 '이상적인 몸'은 다다르기가 정말 힘든 비현실적 몸이에요.

우리의 몸은 저마다 달라요. 너무나 당연하고 바람직한 현실입니다. 모든 사람의 몸매가 똑같다면 얼마나 지루하겠어요. 다양한 몸들이 어우러진 현실이 훨씬 매력적이랍니다. 그리고 광고나 SNS에서 사진을 보정해서 쓰는 걸 보면(79쪽 보기), 몸매가 좋다는 사람들의 몸에도 모자란 데가 있나 봐요.

이제 프랑스에서는 보정이 이뤄진 상업용 사진에는 반드시 그 사실을 표기해야 합니다. 또 이탈리아와 프랑스를 비롯한 몇몇 나라에서는 건강에 이상이 있을 정도로 너무 마른 모델(프랑스에서는 체질량지수 18.5 미만인 경우)은 무대에 세우지 않기로 약속했습니다.

이 약속은 마른 몸매를 강조하는 패션계의 압력에서 모델들을 지켜 주는 보호막이자, 몸을 긍정하는 사회 분위기를 만드는 방법입니다.

생각 속의 몸

모델의 세계

> 요즘 '유행'하는 몸은 틀에서 찍어 낸 것처럼 하나같이 엄청나게 가늘고, 팔다리가 길고, 긴 목에 작은 머리이지요. 골격이 너무 넓으면 안 돼요. 깎을 수 없는 게 있으니까요. 패션 디자인계는 땅 위의 현실과는 완전히 동떨어져 있습니다.
>
> 칼 라거펠트, 패션 디자이너

여성 모델들(대부분 18세 미만의 소녀)은 체질량지수가 너무 낮아요. 정상 체중이 아니죠. 사춘기를 갓 지난 키가 177cm 정도인 모델들은, 오늘날 한국 젊은 여성의 평균 키인 161.7cm보다 훨씬 큽니다.

남성 모델은 최소 180cm 키에 몸무게는 65~75kg, 근육질에 늘씬해야 합니다. 데뷔하는 나이는 여성 모델보다 보통 늦지요.

'체질적으로' 마른 모델은 거의 없고, 대부분은 최대한 마른 몸매를 유지하기 위해 적은 양의 음식을 여러 번 나눠 먹으며 하루하루 버팁니다. 정확히 알려진 바는 없으나, 모델 가운데 섭식 장애를 겪는 사람의 비율은 여성 전체에서 섭식 장애가 있는 사람의 비율보다 높을 거예요. 패션 디자이너의 의상에 맞추기 위해 깡마른 몸을 유지해야 한다는 패션계의 요구는 끔찍하지요. 하지만 이제 생각이 달라지고 있습니다. 몇몇 디자이너는 통통한 것을 넘어서 뚱뚱한 모델, 예를 들어 가수 이즐트(Yseult) 같은 사람을 무대에 세웁니다.

한편 하리 네프, 발렌티은 데 힝, 레아 티, 헌터 샤퍼, 네이선 웨슬링, 안드레야 페이치 같은 유명한 트랜스젠더 모델들은 고정 관념에 갇힌 패션 코드를 깨고 몸과 생각을 해방시키는 데 힘을 보태고 있습니다.

SNS는 어떻게 작동할까?

어떤 몸이 '자기다운 몸'인지 아직 모르는 청소년들은 SNS로 눈을 돌립니다. 거기에서 시간을 보내며 자신의 정체성에 대해 질문을 던지죠. 그렇게 하는 것이 자기에게 좋은지 나쁜지 잘 모르는 채로요. 그리하여 페이스북, 인스타그램, 틱톡은 몸에 관한 다양한 이미지가 세상에서 가장 많이 저장된 공간이 되었습니다.

몸과 SNS의 관계(그리고 피해!)를 설명하기 전에 SNS의 작동 방식을 먼저 살펴볼게요.

고민 상담

" 전 인스타에서 친구들뿐만 아니라 연예인과 몸짱 유명인도 많이 팔로우해요. 그들의 사진을 계속 보면서 내 몸과 비교하고 부러워하죠. 그러다 혹독한 다이어트를 시작했는데, 혈당이 떨어져서 몸이 안 좋았어요. 어떤 땐 밤에도 그랬어요.
로라, 17세, 64kg, 168cm, 최근 2년 동안 몸무게 6kg 증가

SNS의 좋은 점

- SNS는 여러분이 고립된 상태에서 벗어나 같은 현실을 살고 있는 또래와 소통하고, 어려운 상황에서 위로와 조언을 구할 수 있도록 해 줍니다. 자신이 혼자가 아니라는 사실에 위안을 받지요.

- SNS는 여러분이 창의력을 기르고, 새로운 세계를 발견하고, 지구상의 어떤 사람과도 소통할 수 있게 해 줍니다.

- SNS를 통해 자신이 관심 있는 주제(환경, 음식, 음악 등)에 대한 정보에 무제한으로 접근할 수 있습니다.

- SNS를 통해 다른 언어들을 더 자연스럽고 직관적으로 쓸 수 있습니다.

- SNS는 집단 활동과 연대가 이뤄지고 자기 생각을 누구나 자유롭게 표현할 수 있는 공간이 될 수 있습니다.

- SNS에는 다양한 학습 자료와 영상이 있습니다. <최고의 파티시에(Le Meilleur Patissier)> 시즌 10의 우승자인 열여섯 살 모 르뵈프는 유튜브를 통해 페이스트리를 배웠습니다. 케냐의 창던지기 세계 챔피언 줄리어스 예고 또한 유튜브를 보며 혼자 훈련했습니다.

SNS의 나쁜 점

알고리즘

무엇이 유튜브에서 영상을 추천할까요? 바로 '알고리즘'이라는 시스템입니다. 알고리즘은 우리가 SNS에서 하는 활동 정보를 수집해 분석한 다음, 우리가 좋아할 만한 콘텐츠를 피드에 띄워 줍니다. 그 결과 SNS 속에서 우리는 자신이 이미 좋아하는 것들 안에 갇히게 되지요.

틱톡을 예로 들어 볼까요. 틱톡을 작동시키는 강력한 알고리즘은 우리가 무엇에 관심 있는지를 매우 빠르고(2시간 이내) 정확하게 알아냅니다. 우리가 틱톡을 이용하는 사이, 알고리즘은 무엇이 우리를 특별히 더 사로잡았는지 파악하고서 그것과 비슷한 영상만 골라서 띄워 주지요.

여러분이 개를 좋아한다고 가정해 볼까요. 알고리즘이 이를 감지하자마자 여러분은 수많은 동물 관련 영상을 만나게 됩니다. 이어서 알고리즘은 여러분에게 보여 주어야 하는 영상은 바로 개 영상이라는 것을 이해하지요. 만약 푸들을 특히 더 좋아한다면, 알고리즘은 결국 그것을 감지해 내고서 추천 피드에 푸들 영상을 띄울 거예요.

몸매, 다이어트, 체중, 피트니스, 보디빌딩 같은 것도 마찬가지예요. 인스타그램이나 틱톡에 피트니스 사진과 영상이 보이기 시작한다면 이미 추천 알고리즘이 작동하기 시작한 것이죠. 알고리즘은 우리를 빠삭하게 알고 있습니다.

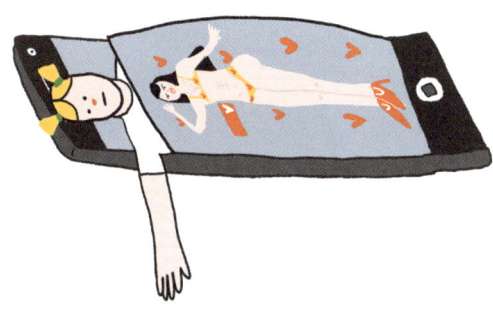

필터 버블

'필터 버블'이란 알고리즘의 작동 결과 자신이 좋아하거나 자기 생각과 비슷한 정보만을 제공받게 되는 현상을 일컫는 말입니다. 필터 버블의 결과, 우리는 비판적으로 생각하는 힘이 약해져서 좋은 정보와 나쁜 정보를 점점 구별할 수 없게 됩니다(77쪽 '가짜 뉴스' 보기). 토론은 어렵고 무의미해지며, 서로 의견을 주고받는 대화는 사라지고 귀를 막은 일방적인 말하기만 남지요. 그리하여 우리가 추구하게 되는 건 결국 '남들처럼 되는 것'이 됩니다. 알고리즘이 지배하는 세상에 살다 보면, 실제의 자기 자신과 자신의 솔직한 생각에 대해 확신하지 못하게 됩니다. 정체성을 형성해 가는 청소년기에는 더욱 그러하지요.

SNS에서 1분 동안 게시물을 넘기면 승용차를 27m 운행했을 때와 같은 탄소 발자국*이 남습니다.

다른 부정적 효과

- 게시물을 넘기다 보면 '멈춰지지 않고' 계속 보게 됩니다. 피곤한데도 매달리게 되지요!
- 사람을 잘 안 만나게 됩니다.
- 인기(친구 수, 리트윗 수, 공유 수, 조회 수, 좋아요 수)에 신경 쓰다 보면 자존감이 많이 떨어질 수 있습니다(85쪽 보기).

★ 어떤 활동에서 배출되는 탄소의 양을 뜻하는 말.

스마트폰을 보며
보내는 시간을 줄여 봐.

하루에도 몇 번씩 (또는 계속) SNS에
접속하고 싶다는 마음이 들고,
앱 사용 시간은 자신도 모르게 늘어납니다.
하루에 몇 분 동안이나 SNS 세상에서 지내나요?
한번 계산해 보세요.

꼭 알아 두세요!

1 대부분의 SNS는 13세부터 사용 가능합니다. 틱톡에서는 16세 미만 이용자에게 다이렉트 메시지 기능이 차단됩니다.

2 페이스북에는 미성년 이용자의 프로필에 표시되는 내용을 제한하는 추가 보호 장치가 있습니다. 이를 통해 연락처 정보, 학교, 생년월일과 같은 개인 정보를 전체 공개되는 검색 결과에 표시되지 않도록 보호할 수 있습니다.

3 미성년자 계정에서 위치 공유는 기본적으로 비활성화되어 있습니다.

4 자신의 계정을 살펴볼 수 있는 이용자의 범위를 정할 수도 있습니다. 그렇게 하면 오직 허용된 계정만이 여러분의 게시물에 '좋아요'를 누르거나, 댓글을 달거나, 게시물을 공유할 수 있습니다. 차단된 계정은 여러분의 게시물과 개인 정보를 볼 수 없으며, 상호 작용도 불가능하고요.

5 여러분이 태그된 게시물이 알맞은지 검사하는 기능은 기본적으로 활성화되어 있습니다. 그 게시물이 마음에 들지 않으면 승인을 거부하거나 게시물을 삭제할 수 있습니다. 친구가 여러분의 사진을 찍었다고 해서 여러분 사진이 친구의 것은 아닙니다. 사진 삭제를 요청할 권리가 있습니다. 초상권에 관한 일이지요.

6 여러분도 마찬가지입니다. 다른 사람의 동의 없이 그들의 사진이나 영상을 올리는 것은 금지되어 있습니다.

7 많은 인맥을 자랑하기 위해 친구 요청이 있을 때마다 전부 수락하려 하지 마세요. 특히 낯선 사람이 다정한 메시지로 접근할 때 주의하세요. 끈질기게 요청하는 계정은 주저 없이 차단하세요.

8 이름과 성을 표시하는 것보다 별명을 선택하는 것이 좋습니다. 게시물이 일단 피드에 올라가면, 나중에 이를 후회해도 모든 흔적을 지우기는 어려워요. 여러분의 게시물은 복사, 공유, 다운로드될 수 있고… 이후 여러분의 통제를 벗어나 다시 사용될 수 있어요.

9 '패밀리 링크' 기능을 이용하여 부모가 자녀의 접속 시간을 모니터링하고, 부적절한 콘텐츠를 걸러 내는 제한 모드를 활성화할 수 있습니다. 부모님과 상의하여 함께 규칙을 정하고 필요할 때마다 조정해 보세요.

가짜 뉴스

12~19세 청소년의 48%는 자기가 아는 것을 바탕으로 가짜 뉴스를 가려낸다고 해요. 가짜 뉴스 검증 도구를 사용하는 비율은 3%밖에 안 됩니다(2019년 제임스 포커스 연구★ 결과).

가짜 뉴스의 전파를 막고, 가짜 뉴스를 가려내기 위해 지녀야 할 자세
1. 정보를 공유하기 전에 출처를 확인한다.
2. 눈길을 끄는 헤드라인에 주의한다.
3. 사진이 진짜인지 아닌지를 확인한다.
4. 출처가 믿을 만한 정보를 활용한다.
5. 가짜 뉴스 검증 사이트를 이용한다.
6. 가짜 뉴스 신고 사이트를 이용한다.

 가짜 뉴스 검증

 가짜 뉴스 신고

★ 스위스의 청소년 매체 이용 연구.

자연스러워 보이지만 모두 '거짓'

사람들은 대부분 SNS에 가장 마음에 드는 사진과 영상을 올립니다. 그래서 항상 건강하고 유쾌하며 긍정 에너지가 가득 찬 삶을 살고 있는 것처럼 보이지요. 그런데 심리학자들은 SNS에서 너무 많은 시간을 보내면 슬픔, 불안, 공포 같은 감정을 느낄 수 있다고 말합니다. 결코 이룰 수 없는 완벽한 모습을 거짓으로 꾸며 내기 때문이라고 해요. 그렇다면 SNS는 자존감에 도움이 될까요, 아니면 해가 될까요? 정답은 없어요. 어떻게 이용하느냐, 얼마나 거리를 두느냐에 따라 다른 결과가 나온답니다.

넘쳐 나는 이미지들 속에서, 우리는 꿈같은 삶이란 존재하지 않는다는 사실을 금방 잊습니다. 또 잘 지내지 못하는 사람들은 SNS에서 자신을 잘 드러내지 않는다는 사실도요. 우리는 다른 사람들이 공유한 것만 볼 수 있는데, 그 이미지들은 그들의 삶에서 골라내어 매력적이도록 고친 한 순간을 보여 줄 뿐입니다. 자연스러워 보이지만 거짓이지요.

사진 보정은 너무나 일상적이에요. 그래서 SNS에서 자연스러운 모습이란 다른 사람의 호감을 사기 위해 꾸며 낸 빈 껍데기에 지나지 않아요. 몸을 찍은 사진은 프로그램을 이용해 완전히 바꿀 수 있어요. 인플루언서들의 사진도 아주 정교한 연출을 통해 촬영한 것일 때가 많죠. 필터를 이용해서 피부 상태, 얼굴 모양, 코, 머릿결, 체형까지 모두 원하는 대로 고칠 수 있어요.

SNS의 인플루언서들과 리얼리티 쇼의 스타들은 현실에서 점점 더 멀어져 가는 미의 기준에 맞춘 왜곡된 이미지를 보여 줍니다. 그들의 실제 모습을 안다면, 그들도 여러분과 별로 다르지 않다고 생각하게 될 것입니다. @beauty.false와 같은 계정을 통해, 틱톡이나 인스타그램의 필터 효과나 보정을 없앤 실제 이미지를 만나 보세요.

인플루언서의 역할

인플루언서란 SNS에서 수많은 사람이 들여다보며 참고하는 계정의 소유자를 말합니다. 그들은 회사로부터 돈을 받고 인스타그램, 유튜브, 틱톡 등에서 제품을 광고하며 '영향력'을 행사하죠.

우리의 뇌는 사람들의 인정을 받고 싶어서 브랜드 제품 구매 인증샷을 SNS에 올리는 '친구들'의 게시물을 볼 때도 롤모델인 '인플루언서'의 게시물을 볼 때처럼 반응합니다. 친구가 대단해 보이는 거예요. 그래서 이런저런 브랜드 제품을 갖는 것이 자신이 속하고 싶은 집단에 들어가는 유일한 방법이라고 무의식적으로 느끼게 되는 것이죠.

SNS에 나를 만들 때 생길 수 있는 일

SNS 이용이 늘면서 비대면 인간관계가 점점 늘고 있어요. 그리고 보정을 통해 이상적인 몸매로 완성한 사진과 완벽한 삶의 모습을 올리는 것이 누구에게나 가능해졌습니다. SNS 이용자들, 특히 십 대와 이십 대는 더 이상 자신을 있는 그대로 보여 주지 않습니다. '좋아요'를 받을 수 있는 멋진 사진을 올리는 것이 아주아주 중요해졌으니까요.

그런데 SNS에서 자신의 이미지를 가공하면 할수록 다른 사람에게 어떻게 보일지를 더욱더 신경 쓰게 된다는 걸 아나요? 그러다 가공된 이미지와 여러분의 실제 모습 사이의 거리가 점점 멀어지면 견디기 어려워질 수도 있어요.

우리는 친구들의 인정을 받고 같은 집단에 속하는 것을 무의식적으로 바라지요. 이런 마음을 잘 아는 SNS 회사에서는 여러분에게 쉬운 해결책을 공짜로 제공하여 돈벌이를 하고 있습니다.

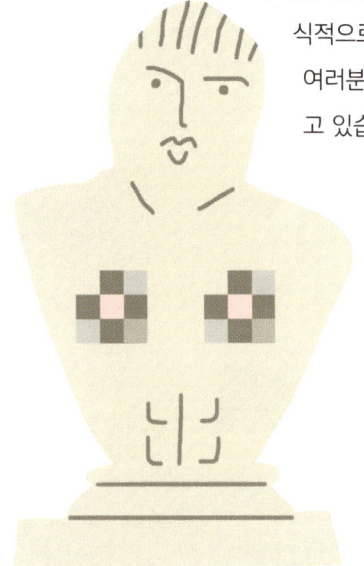

인스타그램

- 인스타그램(instagram)이라는 말은 instant(즉시)와 telegram(전보)을 합쳐서 만들었습니다.

- 인스타그램을 운영하는 회사에서는 사람들이 인스타그램에서 최대한 오래 머물고, 최대한 많은 계정을 만들도록 유도합니다.

- 이를 통해 개인 데이터를 최대한 수집하여 이용자를 정확히 공략하는 광고를 제공하고 돈을 버는 것이 목표입니다(2021년 매출이 150억 달러 이상임). 자신이 팔로잉하는 계정의 게시물 사이에 교묘히 배치된 광고는 우리 뇌에서 친근한 콘텐츠로 해석될 것입니다.

- 뇌는 인스타그램을 '최종 승인 도구'로 인식합니다. 몇 초 만에 여러분의 '가치'를 확인할 수 있게 해 주어, 남에게 인정받고 싶어 하는 욕구를 채워 줍니다.

- 사진을 올리면 올릴수록 '좋아요'를 더 많이 받고, 더 흥미로운 사람이 되고, 팔로워 수도 늘어 일시적 행복 상태에 놓입니다(아닐 수도 있고요…).

- 다른 사용자의 계정을 보며 우리는 두 가지 반대되는 행동 방식, 즉 거부 또는 채택(모방과 팔로우) 중 하나로 반응합니다.

SNS는 쾌락 호르몬인 도파민 분비를 유도합니다. 누군가 여러분이 올린 사진이나 영상에 '좋아요'를 누르면 여러분의 보상 시스템은 행복을 느낍니다. 전문가들은 이 경험이 여러분을 SNS에 다시 접속하게 만든다고 합니다. 하지만 '좋아요'를 받지 못한다면 어떨까요?

고민 상담

> 인스타그램 피드에 혼자 찍은 사진을 너무 자주 올리면 안 돼요. 그러면 자뻑이 너무 심해 보이거든요. 멋진 장소나 파티에서 친구들과 같이 셀카를 찍는 것과는 다르죠.
> 줄리에트, 16세

> SNS에 셀카를 올리면 더 유명해진 느낌이 들어요. 마르탱, 15세

> 셀카 찍고서 보정하거나 편집해서 올리면 자신감이 높아져요. 소냐, 16세

> 셀카를 올리면 기분이 자동으로 달라져요. '좋아요'나 하트를 받지 못하면 특히 더 그렇죠. 빅투아르, 17세

셀카와 자존감

셀카를 찍으면 자존감을 올리는 데 도움이 될까요?

셀카 현상을 연구한 심리학자들의 결론은 분명했습니다. 실제 이미지와 SNS에 올린 이미지 사이에 거리가 없어야 한다는 것이었죠. 둘 사이의 거리가 멀어지면 자기 몸을 인정하기 어려워지기 때문이에요. 사진 보정에 익숙한 젊은 여성들이 미처 편집하지 못한 셀카를 올리면 자신을 더 부정적으로 보고 자신에게 매력이 없다고 느끼게 된다는 연구 결과에서 이를 확인할 수 있습니다.

SNS에 셀카 올리는 걸 대수롭지 않게 여겨서는 안 돼요. 사람들은 자기 모습에 만족할수록 셀카를 더 많이 올리고는 하는데, 자기 사진을 보고 남들이 어떤 반응을 보일지 걱정하면 자기 몸에 불만을 품게 될 위험이 커지기 때문이에요. 그렇게 되면 다른 사람 앞에 나서기 힘들어하는 사회불안장애나 우울을 경험할 수도 있어요. 또는 셀카 올리는 것에 강박적으로 매달리게 될지도 모릅니다.

어떤 전문가들은 셀카를 찍고 싶은 충동을 조절하지 못하고 하루에 6장 이상의 셀카를 SNS에 올리는 상태를 셀피티스(selfitis)라는 정신 질환으로 보고 있습니다. 줄리에트의 말처럼, 셀카에도 적당한 이유가 필요해요.

자아 폭발

인스타그램, 해로운 비교 장치

인스타그램 속 사람들은 멋진 인생을 사는데, 왜 난 그러지 못할까?

인스타그램은 청소년 삶의 일부가 되었습니다. 그런데 학자들이 연구해 보니, 인스타그램을 많이 사용하는 십 대일수록 대체로 행복감, 자신감, 만족감이 낮고, 기분이 처지며, 자기 몸에 대해 부정적으로 생각한다는 결과가 한결같이 나왔다고 해요. 인스타그램에 올라온 사진이 보정되었거나 연출된 게 아니라 실제라고 생각한다면 불만족은 더욱 커지겠지요. 우리는 SNS 속 스타와 친구들의 더 멋져 보이는 이미지와 자신을 끊임없이 비교합니다. 완벽한 몸매를 자랑하는 모델과 자신을 비교하기만 해도 이미 불안해지는데, 멋진 사진의 주인공이 같은 반 친구라면 더 그럴 거예요. 그들의 사진이 보정되었다는 것을 알면서도 자신을 비하하고, '행운을 타고난' 사람들의 몸뿐만 아니라 그들의 삶까지 부러워하지 않을 수 없습니다.

이러한 비교 시스템 속에서 '좋아요'를 간절히 구하다 보면 타인의 시선을 지나치게 의식하고, 자칫 콤플렉스로 이어질 수 있어요. 그 결과 최근 몇 년 동안 십 대들 사이에서 불안과 우울 장애가 상당히 증가하는 걱정스러운 현상이 벌어지고 있습니다.

2017년 영국왕립공중보건협회의 발표에 따르면, 14~24세 영국인 1500명은 '정신 건강에 가장 해로운 SNS'로 인스타그램을 뽑았습니다.

고민 상담

" 사진을 보정하다 보면 보정한 사진과 실제 모습의 차이가 너무 심해서 마음이 불편해져요. 이게 진짜 악순환이에요.
클레망틴, 14세

인스타 드램*

★ 인스타그램과 'drame(비극)'을 합쳐 만든 말.

"나는 너처럼
되기를 원하고,
너는 나처럼
되기를 원해."

♪ 앙젤, SNS 피해자

소외 불안 증후군을 아시나요?

'소외 불안 증후군(또는 포모 증후군)'은 중요한 이슈, 메시지, 사건을 놓쳐서 소외되거나 뒤처지는 것에 대해 끊임없이 불안감을 느끼는 것입니다. 이런 불안 때문에 16~17세 청소년의 35%가 밤낮으로 메시지에 응답한다고 합니다. 여러분은 어떤가요?

테스트

SNS에 대한 여러분의 느낌을 평가해 보세요.

팔로워 수나 사진에 달린 '좋아요' 수를 중요하게 생각한다(수가 자기 기준에 못 미치면 우울해진다).

☐ 항상 그렇다   ☐ 가끔 그렇다   ☐ 전혀 그렇지 않다

게시물 중 하나가 '좋아요'를 받지 못하면 몹시 불안하다.

☐ 항상 그렇다   ☐ 가끔 그렇다   ☐ 전혀 그렇지 않다

SNS에 접속할 수 없을 때 참을 수 없는 불안을 느낀다.

☐ 항상 그렇다   ☐ 가끔 그렇다   ☐ 전혀 그렇지 않다

자기 삶과 SNS 인플루언서들의 삶을 비교한다(그리고 그들과 닮기를 꿈꾼다).

☐ 항상 그렇다   ☐ 가끔 그렇다   ☐ 전혀 그렇지 않다

사진이 수정되었다는 것을 알지만, 자기 몸매와 비교하며 부정적 느낌을 받는다.

☐ 항상 그렇다   ☐ 가끔 그렇다   ☐ 전혀 그렇지 않다

SNS를 이용한 뒤에 스트레스를 받거나 우울한 기분이 든다.

☐ 항상 그렇다   ☐ 가끔 그렇다   ☐ 전혀 그렇지 않다

SNS 속 다른 사람들에 비해 자기 삶이 평범하고 지루해 보인다.

☐ 항상 그렇다   ☐ 가끔 그렇다   ☐ 전혀 그렇지 않다

다른 사람의 글과 사진을 볼 때, 자기가 재미없는 사람으로 느껴진다.

☐ 항상 그렇다   ☐ 가끔 그렇다   ☐ 전혀 그렇지 않다

다른 모든 사람이 자기보다 더 멋지고 행복할 거라고 생각한다.

☐ 항상 그렇다   ☐ 가끔 그렇다   ☐ 전혀 그렇지 않다

팔로우하는 스타나 친구들의 게시물을 볼 때, 자기가 보잘것없다고 느껴진다.

☐ 항상 그렇다   ☐ 가끔 그렇다   ☐ 전혀 그렇지 않다

몸매가 멋진 친구를 보면 나도 모르게 적개심이 든다.

☐ 항상 그렇다   ☐ 가끔 그렇다   ☐ 전혀 그렇지 않다

다른 사람이 올린 (공개적이든 아니든) 게시물을 폄하거나 비판하곤 한다.

☐ 항상 그렇다   ☐ 가끔 그렇다   ☐ 전혀 그렇지 않다

위 문항들 대부분에 '항상 그렇다'고 답했다면 SNS가 자존감에 어떤 영향을 주고 있는지 진지하게 고민해 봐야 합니다. 여러분은 능력과 결점, 강점과 약점 모두를 자산으로 갖고 있는 자기 자신을 사랑하는 법을 배워야 합니다. 우리는 모두 세상에 하나뿐인 존재이며, 그렇기에 가치가 있답니다!

4

몸매 고민에서 벗어나려면

섭식 장애란 무엇인가요?

사례

조에(14세)는 단짝 친구 로즈와 함께 여름 방학 단기 다이어트를 시작했습니다. 로즈는 금방 포기하고 정상 식단으로 돌아왔지만 조에는 다이어트를 계속했어요. 제한적 식단을 지키고, 친구들과 밥 먹는 자리도 피하며 버텼습니다. 조에는 자기가 너무 뚱뚱하다고 생각하고 점점 더 식단을 제한했어요. 빵이나 탄수화물 음식은 절대 먹지 않고, 버터나 기름이 들어간 음식도 피했으며, 디저트나 간식으로는 사과만 먹었지요. 한 달 전부터는 매일 아침 등교 전에 방에서 운동도 시작했어요.

3개월 만에 8kg 감량에 성공한 조에는 전혀 지치지 않았고, 승마대회에도 학교 대표로 선발되었습니다. 조에의 부모님은, 지금은 굉장히 불안해하시지만 당시에는 걱정하지 않으셨어요. 오히려 조에가 다이어트를 시작한 것에 상당히 만족해하셨지요. 조에가 형제들에 비해 더 통통하고 식탐이 있어서 몸매 관리에 신경 쓰라고 말씀하곤 하셨거든요. 첫 상담 때, 조에는 키 168cm에 몸무게 50kg, 체질량지수는 17.7이었어요. 혈압은 90/70 (수축기 혈압이 90mmHg, 이완기 혈압이 70mmHg라는 뜻)이고, 맥박은 분당 60회였습니다. 조에는 4개월 전부터 월경을 하지 않는다고 했습니다.

우리는 심리 치료와 건강 관리를 시작하고, 승마를 포함한 모든 운동은 잠시 쉬기로 했지요. 그렇게 몇 개월 동안 치료해 나갔지만 조에는 전문 병동에 입원하지 않을 수 없었어요. 위험한 수준까지 (체질량지수 14) 계속 살이 빠졌기 때문입니다. 조에는 슬픈 목소리로 말합니다.

음식이 앞에 있어도 먹을 수가 없어요. 누군가 작은 목소리로 더 이상 먹지 말라고 하는 것 같아요.

고민 상담

> 제 문제에 대해 말할 사람이 아무도 없어요. 문제가 계속될수록 전 더 고립되거든요. 이제는 다른 사람 얘기도 듣지 못하겠어요. 아무런 관심도 가지 않아요. 마고, 14세

섭식 장애는 크게 세 가지로 나뉩니다.

- **거식증(신경성 식욕부진증)** 은 정신적인 원인 때문에 음식 섭취에 문제가 생기는 경우입니다. 거식증이 있으면 살이 찌는 것에 대한 강한 두려움을 느끼는 나머지 점점 덜 먹게 되어 급격하게 살이 빠집니다. 거의 먹지 못하는 상태가 된 거식증 환자는 체중이 심각하게 줄어서 조에처럼 입원 치료를 받게 될 수도 있습니다.

- **신경성 폭식증** 역시 자기 체중에 대한 지나친 관심과 걱정, 뚱뚱해지는 것에 대한 강한 두려움을 특징으로 하지만, 거식증과 달리 실제로 배고프지 않은데도 음식 앞에서 통제력을 잃고 빠르게 많이 먹는 증상입니다. 이렇게 먹은 뒤엔 그에 대한 '보상 행동'으로, 체중 증가를 막기 위해 입에 손가락을 넣어 음식물을 토해 내거나, 변비약이나 이뇨제를 먹거나, 과도한 운동을 하기도 합니다. 신경성 폭식증 환자는 과체중도 저체중도 아닐 수 있습니다.

- **폭식 장애** 는 신경성 폭식증과 비슷하지만 보상 행동이 따르지 않습니다. 폭식 장애로 고통받는 사람은 대부분 과체중이거나 비만입니다.

이러한 섭식 장애의 원인은 무엇일까요? 섭식 장애로 고통받는 사람에 대한 설명은 다양하지만 체중, 몸매, 다이어트에 관심과 걱정이 지나치고, 마고처럼 고립되어 있다는 점은 공통적입니다. 섭식 장애는 단지 간식, 다이어트, 일시적 기분 문제가 아니에요. 의사와 심리치료사의 도움을 받아야 하는 질병이며, 섭식 장애를 겪는 당사자뿐 아니라 그들이 사랑하는 사람들의 삶에도 매우 좋지 않은 결과를 초래할 수 있습니다.

오소렉시아(건강 음식 집착증)라는 새로운 섭식 장애도 있어요.

오소렉시아(orthorexia)라는 이름은 그리스어 'othos(올바른)'와 'orexis(식욕)'를 합쳐서 만들었습니다. 건강하고 균형 잡힌 식단에 대한 경각심이 집착으로 바뀌어서 생겨나는 증상이기 때문이에요. 거식증으로 고통받는 사람들과는 달리, 오소렉시아에 시달리는 사람들의 고민은 몸매나 체중 감량이 아닙니다. 오소렉시아는 음식의 양이 아니라 질에 대한 집착이거든요. 거식증 환자는 식습관을 숨기는 경우가 많지만, 오소렉시아 상태에 있는 사람들은 SNS 등을 이용해 자신의 식단을 적극적으로 드러내지요. 건강 식단에 대한 집착이 심리적 강박이나 심각한 영양실조 또는 의도하지 않은 체중 감소와 같이 건강에 좋지 않은 결과로 이어질 때는 병원 치료가 필요합니다.

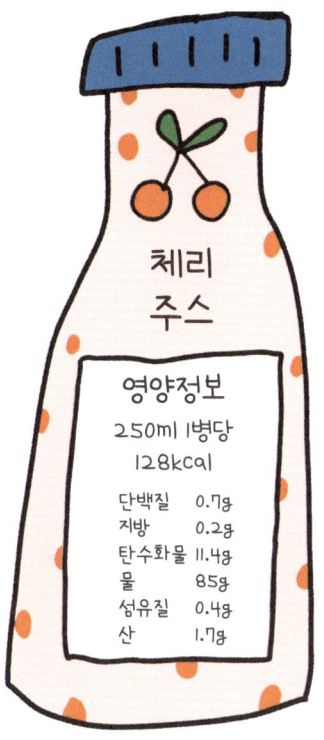

이름을
밝히지 않아도 되니
안심해요!

섭식 장애에 대해 궁금하다면

국번 없이 1388

(휴대전화는 지역번호 + 1388)

24시간 운영

SNS에서 유행하는 몸
#몸매관리
#바디프로필

#몸매관리

이 해시태그는 언제나 자신의 몸을 당당하게 느낀다는 긍정적이고 자기 만족적인 메시지를 사진에 실어 전파하지만 실제 결과는 그와 반대예요. 몸에 관한 왜곡된 이미지를 심어 주거든요. 완벽한 몸에 대한 잘못된 믿음을 퍼뜨리고, 자기 몸에 만족하지 못하게 하는 사회 분위기를 만들기 때문이지요.

자기 몸을 불만족스럽게 여기며 몸매를 만드는 두 가지 방식이 있습니다. 하나는 섭식 장애로 이어질 수 있는 엄격한 식단 조절이고, 다른 하나는 준비나 계획 없이 과도한 운동을 시작하는 것입니다.

"올여름을 위해 몸매를 만들어야지."

엘리자, 15세

프로아나(pro-ana)를 조심하세요!
이들은 마른 몸매를 추구하고 거식증을 옹호하며 SNS에서 섭식 장애를 홍보합니다. SNS에서 마른 몸을 한 여성 연예인을 검색하다가 #프로아나 #개말라 #뼈말라 같은 해시태그가 달린 게시물을 만나면 프로아나의 세계에 접속한 거예요. 이들은 극도로 마른 몸을 만드는 방법을 공유하고 동료 프로아나를 응원합니다.
극단적 다이어트를 하다 건강을 해치거나 죽음에 이르는 사람이 많습니다. 그러니 조심하세요.

요즘에는 '마른 몸'은 물론이고 '건강한 몸'까지 우리를 압박합니다.

SNS에서 #바디프로필 해시태그를 검색하면 근육질 몸, 스포츠 활동, 과일과 채소 식단에 관한 게시물이 수도 없이 쏟아져 나옵니다. 마치 건강한 몸이 세상을 점령한 것같이 말이죠. 그런 게시물을 올리는 사람들 가운데는 비전문가도 많아서 무턱대고 따라 하면 위험해요. 그들이 운동 강사나 영양사이기 전에 SNS 스타라는 사실을 잊지 마세요. 그들은 날씬한 근육질 몸매를 드러내며 자신의 경험과 라이프스타일을 자랑하지만, 그들이 추천하는 '무설탕, 글루텐 프리, 비-육류' 식단은 여러분에게 맞지 않을 수 있어요. 성장하는 십 대의 몸에는 에너지가 필요합니다! 음식을 멀리하면 안 돼요.

몸매에 대한 고민을 말해 봐요

고민 상담

❝ 열두 살인데 키가 벌써 170cm예요. 큰 키가 콤플렉스라 친구들하고 있으면 불편해요. 남자애들이랑 같이 있으면 더요. 저보다 보통 20cm는 작거든요. 사람들이 저를 바보 취급해요. 보통 저를 열여섯 살로 보는데 그 나이처럼 행동하지 않으니까요. 아무도 저를 이해하지 못해요. 심지어 부모님도요. 큰 키가 얼마나 큰 재산이냐고만 하세요. 폴린느, 12세, 170cm

❝ 전 너무 작고 말랐어요. 정말 난쟁이 같아요. 키가 좀 빨리 컸으면 좋겠어요. 우리 반 단체 사진 속의 제 모습이 너무 부끄러워요. 친구들보다 적어도 머리 하나는 작거든요. 비비앙, 14세, 156cm

❝ 전 어릴 때부터 남자애들보다 덩치가 컸어요. 별명은 항상 감자나 고래였죠. 사실 전 별로 신경 안 써요. 더 건강해 보이면 좋잖아요. 근데 저희 부모님은 걱정하세요. 부모님은 제 건강을 위해서라고 하시는데, 그런 말씀을 들을수록 더 많이 먹게 돼요. 루방, 13세, 65kg, 155cm

❝ 월경을 시작하면 성장이 느려진다고 들었어요. 같은 반 여자애들은 1년 사이 키가 쑥 자랐는데 전 아니에요. 열두 살부터 같은 키죠. 이론상 키가 더는 자라지 않을 것이고, 평생 작은 키로 살아야 한다는 것 때문에 마음이 너무나 혼란스러워요. 마샤, 14세, 154cm

혹시 외모 콤플렉스가 있나요? 부모님께 외모 콤플렉스에 대해 어떻게 얘기해야 할지 모르겠다고요?
부모님도 마찬가지시라고요?

그러면 이렇게
대화를 나눠 보세요!

어른들은 대부분 이런 상황에 어떻게 대처해야 할지 막막해합니다. 힘들어하는 자녀를 어떻게 도와야 하는지 모르시는 거죠. 그런 분을 위해 자녀와 외모 고민에 대해 대화할 때 활용하면 좋은 몇 가지 팁을 소개합니다. 지금 시작해도 늦지 않았습니다. 화이팅!

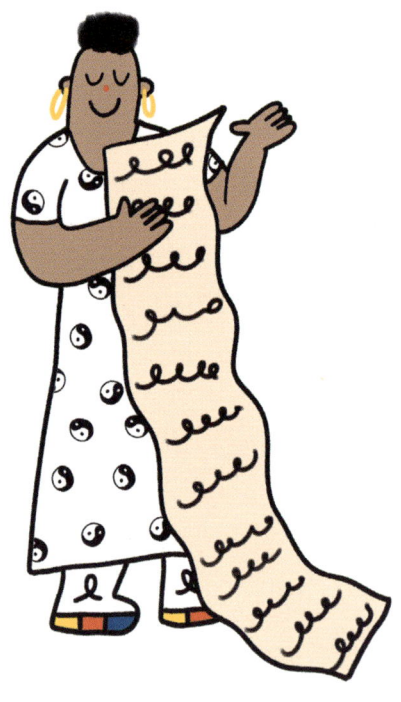

부모님께: "아이고 불쌍해라. 운이 없는 거라고 생각해." 또는 "걱정 마. 나아질 거야."와 같이 상처를 각인시키는 말은 피하세요. 그렇게 말하면 아이들은 부모님이 자기 고통을 이해하지 못한다고 여기고 무기력해질 수도 있어요. 자녀를 불쌍히 여기는 말이나 자녀의 감정을 과소평가하는 말은 자녀를 더 불편하고 불만족스럽게 만들 우려가 있습니다.

부모님께: 아이와 신체적 특징이 비슷한 인기 스타를 한번 찾아보세요. 아이 혼자만 그런 것이 아니며, 그 특징을 긍정적으로 활용할 수 있다는 증거를 아이에게 보여 주세요.

💡 실제 사례: 미국 가수 핑크의 어린 딸은 남자 같은 외모가 불만이었습니다. 핑크는 데이비드 보위, 프린스, 프레디 머큐리의 사진을 딸에게 보여 주며 얘기했어요. 이 아티스트들은 전 세계 수백만 명에게 예술적 영감을 준 인물이지만, 한때 그들이 여자 같다고 비난하는 사람도 있었다고 말이지요!

부모님께: 자녀에게 여러분의 경험을 들려주세요. 우리는 모두 자기만의 신체적 특징을 지니고 있고, 이는 지극히 정상이라고 설명하여 자녀를 안심시키세요. 여러분이 자녀 나이였을 적의 사진을 함께 찾아보는 건 어떨까요? 혹시 여러분도 당시에는 자기 자신이 불만족스러웠나요?

 자신의 다름을 자신의 진정한 자질로 바꿔 나가면서 세상에 하나뿐인 사람이 되어 갈 수 있다는 사실을 기억하는 것이 중요합니다.

부모님과 십 대 모두에게: 여러분이 콤플렉스로 여기는 부분을 보완할 수 있도록 도와주는 것(예를 들면 체형에 맞는 옷, 액세서리, 화장법 등)을 함께 찾아보세요. 그러다 보면 외모에 대해 편안하게 느끼면서 자신감이 샘솟을 것입니다. 약점이나 결점이라고 느끼는 부분이 오히려 자산이 될 수 있어요.

십 대에게: 학교에서 놀림이나 모욕을 당했다면 그에 대해 반드시 대화를 나눠야 합니다. 그렇게 함께 찬찬히 돌아보면서, 그때 어떤 태도를 취하고 어떻게 대응해야 했는지를 하나하나 짚어 볼 수 있을 거예요. 재치 있는 대응 방안을 함께 찾아보세요!

💡 몸은 한눈에 알아볼 수 있어요. 그래서 쉬운 놀림거리가 되고는 하죠. 한편으로 사람들은 다름이 두려워서 남을 놀려요. 우리 마음 깊은 곳에는 자신이 남과 다르다는 직감과, 그래서 혹시나 거부당하면 어쩌나 하는 두려움이 있거든요. 그 두려움을 몰아내기 위해 남의 다른 점을 꼬투리 잡아 놀리는 것이죠. 청소년기에 콤플렉스를 느끼는 건 정상이에요. 그러나 콤플렉스가 따돌림이나 괴롭힘으로 이어져서는 안 되겠죠. 부모님과 학교가 힘을 합쳐 여러분을 도울 수 있으니, 외모 때문에 힘든 상황이라면 도움의 손길을 요청하세요.

무엇보다 중요한 건 말을 하는 거야!

우리는 대화를 통해 문제 상황을 진정시키거나 의문을 해소하곤 합니다. 그러니 우울감을 느끼거나, 자기 자신을 고립시키거나, 더 이상 친구들과 어울리지 않거나, 운동도 방과 후 활동도 꺼려지거나, 성적이 갑작스레 떨어지는 것과 같은 심각한 고통의 징후가 계속된다면, 문제가 심각하다고 인식하고 부모님께 얘기해야 해요. 심리상담사를 만나서 여러분의 자신감을 회복시켜 줄 말을 듣는다면 더 좋겠지요. 망설이지 말고 지금 당장 찾아가세요.

경주마, 아스파라거스, 비계, 참치, **돼지, 순대, 코끼리,** 널빤지, 기린, **고래, 하마, 비벤덤*** 해골바가지

★ 미쉐린 타이어 마스코트.

이 별명들은 대체 어디서 왔을까요? 왜 사람들은 거리낌 없이 남에게 이런 별명을 붙일까요? 친근함의 표시로 장난스럽게 친구를 별명으로 부른다고 하면서 왜 말로 공격할까요? 모든 사람은 마음속 깊이 못생김에 대한 두려움을 품고 있어요. 짓궂은 별명으로 다른 사람을 부르는 건, 그 두려움을 피하고 자신의 '못생김'이나 결점으로부터 자기 자신을 보호하는 방법입니다. 친구를 경주마라고 부름으로써 자신은 인간이고 친구는 인간이 아니게 만들고, 자기와 친구가 다르게 생겼다는 것을 증명하려는 것이지요.

친구가 여러분을 별명으로 부르며 놀리면, 그때 느껴지는 불편한 감정을 말로 표현해야 합니다. 친구에게 이렇게 말하는 거예요. "내가 너를 놀리면 좋겠어?" 또는 "내가 네 외모에 대해 지적하면 어떨 것 같아?" 하고 말이죠. 괴롭힘을 당한다는 느낌이 들면 반드시 그렇다고 말해야 해요(106쪽 보기).

비만 공포증

고민 상담

" 걔는 엉덩이가 너무 큰 것 같지 않아요? 저라면 숨어 다닐 것 같아요. 걘 군것질 좀 그만해야 해요. 계속 저러다간 모솔로 남을 거예요.
줄리, 13세

" 저는 공부를 잘해요. 꿈은 우주비행사가 되는 것이죠. 하지만 너무 뚱뚱해요. 다른 사람들 생각도 그렇고, 제 생각에도 몸무게 때문에 안 될 것 같아요. 빅토르, 16세

비만 공포증이라는 말을 요즘 자주 마주쳐요. 이 말은 '과체중이나 비만인 사람들을 부정적으로 평가하고 차별하는 적대적 태도와 행동'을 의미합니다.

비만 공포증의 밑바탕에는 편견과 선입견이 있어요. 비만인들이 의지가 부족하고, 남보다 많이 먹고, 채소는 먹지 않고 정크 푸드나 과자만 먹으며, 게으르고, 허약하고, 식탐이 많다고 여기는 것이지요. 이러한 차별과 부정적 평가는 비만인의 존엄성을 해치고 그들을 다른 사람보다 못난 존재로 깎아내립니다.

비만 공포증은 일터나 가정뿐 아니라 병원과 학교에서도 흔히 목격됩니다. 하지만 비

만인에게 죄책감을 느끼게 하는 것은 역효과를 불러일으켜 오히려 상황을 악화시킬 수 있어요. 손가락질과 비난으로는 그들의 식습관을 개선하거나 체중이 줄도록 할 수 없어요. 비만 공포증에 사로잡힌 말과 행동은 비만인의 자아상*을 심각하게 손상시키고, 건강과 삶의 질에 해로운 영향을 줍니다. 실제로 비난과 부정적 평가를 받은 여러 성인 비만인은 스트레스를 풀기 위해 음식을 먹고, 헬스장을 피하게 되며, 몸 관리도 그만두었다고 해요. 비만인은 의료 서비스를 이용하기도 어렵다고 합니다. 모든 질환을 비만 탓으로 돌리는 의료진이 많기 때문이래요. 그런 편견에 상처를 입은 과거의 경험 때문에 병원 가는 일에 공포를 느끼는 비만인이 적지 않다고 해요. 그에 더해 의료 장비가 비만인에게 적합하지 않다는 문제도 있답니다.

> 초등학생 때 저희는 넷이서 몰려 다녔는데 중학생 때부터 달라졌어요. 제가 살이 찌기 시작하자 친구들이 저를 퉁퉁한 순대라고 부르면서 함께 다니기를 꺼려 하기 시작했죠. 가끔 그 친구들을 빵집에서 마주치는데, 제 뒤에서 낄낄거려요. 조안느, 14세

★ '나는 이러이러한 사람'이라는 생각.

가족이나 친구, 선생님을 통해 비만 공포증과 맞닥뜨린 청소년들도 그 영향을 받습니다. 여학생만 그런 게 아니라 남학생도 점점 더 많이 비만 공포증을 갖고 있어요. 부정적 자아상은 위험한 행동으로 이어지기도 합니다. 극단적 다이어트를 시도하거나, 무분별하게 폭식하거나, 과자, 초콜릿, 짭짤한 간식 앞에서 자제력을 완전히 잃어버리거나 하는 것이죠. 아무리 살펴보아도, 상처 주는 말에는 몇 킬로그램 더 살찌게 만드는 것 외에 다른 효과는 없는 것 같아요.

비만 공포증에서 자유로워지자는 노력이 SNS를 중심으로 벌어지고 있어요. 인식 개선을 위한 대대적인 캠페인, 차별 행위를 좀 더 쉽게 금지할 수 있도록 하는 제도 만들기, 누구나 평등하게 이용할 수 있도록 공공장소와 의료 기관의 시설 정비하기 같은 노력이 함께 이루어진다면 비만 공포증으로 인한 고통이 많이 사라질 것입니다. 그리고 영화나 텔레비전에서 뚱뚱한 사람들이 그려지는 방식도 재검토해야 합니다. 그들은 미디어에서 거의 하나같이 덜 매력적이고, 조롱받고, 별로 닮고 싶지 않은 인물이거나 날씬한 사람보다 덜 긍정적으로 그려집니다. 영화에서 권력이나 지식을 가진 배역이나 액션물의 여주인공이 XXL 사이즈인 경우는 극히 드물지요. 뚱뚱한 슈퍼히어로는 거의 없습니다. 초능력과 몸무게는 상관이 없지만, 뚱뚱한 인물은 중요하지 않은 역할이나 우스꽝스러운 배역을 맡곤 하지요.

의사나 교사도 비만 공포증을 가질 수 있나요?

안타깝게도 그렇습니다. 간병인, (보건)교사, 생활 스포츠지도사도 교육받지 않았거나 지식이 부족해서, 의식적 또는 무의식적으로 비만인을 부정적으로 판단할 수 있어요. 혹시 비만 공포증을 목격하거나 실제 피해를 당한 적이 있나요? 그때 어떻게 반응했나요? 어떻게 대처하고 싶었나요?

퀴즈

다음 네 명의 슈퍼히어로를 알고 있나요?

슈퍼 피그(DC 코믹스)
슈퍼 영웅단의 지배자이며 괴물같은 힘과
빠른 다리, 총알에 끄떡없는 몸을
갖추고 있다.

빅 베르타(마블)
몸 근육에 엄청난 양의 조직을 쌓아 지방
및 거대한 힘과 방어능력을 갖췄다.

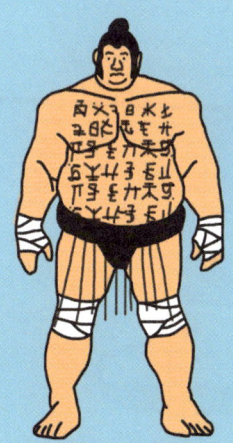

팽 바우마우(마블)
놀라운 힘과 탄성으로 무엇이든 튕겨내고,
채력이 좋고 있다.

피에이(블롭 코믹스)
초능력을 가지고 있으며, 운동능력이 뛰어나고
날아갈 수 있는 능력이 있다.

괴롭힘을

당하고 있다면

괴롭힘으로 인한 고통이 얼마나 되는지 측정하기란 쉬운 일이 아니에요. 가해자는 사람들 눈에 잘 띄지 않는 방식으로 누군가를 괴롭히고, 피해자는 대부분 보복이 두려워 이를 쉬쉬하기 때문이지요. 괴롭힘에는 분명한 이유가 없습니다. 왜 누군가가 피해자가 될까요? 그에게 뭔가 지나친 점이나 부족한 점이 있을까요? 키가 너무 커서, 너무 뚱뚱해서, 너무 작아서, 머리가 빨개서, 유행에 뒤처져서, 성적이 좋아서, 치아 교정기를 껴서, 외국인이라서, 말을 더듬어서… 맞아요, 피해자는 다릅니다. 하지만 우리도 모두 서로 다르지요!

괴롭힘은 여러 가지 방식으로 가해집니다.

- **정신적 괴롭힘**: 지적, 댓글, 모욕…
- **물리적 괴롭힘**: 구타, 공격, 물건 훼손…
- **음식물 괴롭힘**: 급식 쟁반 떨어뜨리기, 피해자가 있는 쪽이나 피해자의 옷에 음식물 던지기…
- **성희롱**: 원하지 않는 말, 암시, 동작…

괴롭힘은 피해자에게 스트레스, 불안, 식욕 저하, 성적 부진, 실패, 우울증 같은 끔찍한 결과를 가져다줍니다. 피해자는 대부분 굴욕감과 고립감을 느끼고, 자존감을 급격히 잃어버리죠. 어릴 때 괴롭힘을 당한 아이는 어른이 되어 다른 사람과 관계 맺기를 어려워하고 불안해지기 쉽습니다.

학생 100명 중 1.7명이 학교 폭력을 당했다고 말했지만, 실제 피해자는 더 많습니다.

> 연구자들은 괴롭힘을 당한 아동은 십 대에
> 자살을 시도할 가능성이 다른 아동보다
> 4배 이상 더 높다고 추정합니다.

괴롭힘에 대처하는 방법

괴롭힘을 당하면 복수하고 싶은 마음이 듭니다. 가해자가 자신과 똑같은 고통과 증오를 느끼기를 바라는 것이지요. 그러나 폭력은 결코 해결책이 아닙니다!

- **상황 분석**: 대응하기에 앞서 한 발 물러서서 무슨 일이 일어나고 있는지 이해하려고 노력하세요. 누가 괴롭히죠? 어떻게? 언제부터? 이러한 상황 분석을 통해 현실을 바로 보고, 자신에게 책임이 없음을 알 수 있습니다.
- **괴롭힘에 대해 이야기하세요**: 괴롭힘을 당하면 대부분 위축됩니다. 슬프고 고통스럽기 때문에 생각 자체를 하고 싶지 않고 대화를 꺼리게 되지요. 하지만 친구나 어른에게 괴롭힘에 대해 말해야 괴롭힘의 굴레와 수치심에서 벗어날 수 있습니다. 피해자가 부끄러워할 일이 아니에요! 피해자 책임이 아닙니다! 이야기를 꺼낸 첫 상대가 여러분을 믿지 않거나 아무런 행동을 하지 않는다고 좌절하지 마세요. 주저하지 말고 다른 사람에게 털어놓으세요. 꼭 그렇게 해야 합니다!
- **자신감을 가지세요**: 누군가 결점이라고 여기는 것이 다른 이에겐 장점일 수 있어요! 작가 오스카 와일드는 말했습니다. "자기 자신이 되어라. 다른 사람의 자리는 이미 꽉 찼다." 자신을 소중하게 여기고 자신감을 가지세요! 피하지 마세요. 괴롭힘을 당할 이유는 누구에게도 없습니다.

괴롭힘 피해자이거나 목격자라면, 상황이 더 나빠지지 않도록 이에 대해 말하고 신고해야 합니다. 아주 중요한 일이에요. 신고하는 것에 대해 부정적으로 생각하면 안 돼요! 학교 폭력은 법률에 따라 처벌받습니다. 예외는 없어요!

사태의 심각성, 가해자의 나이, 고의성, 반성 정도에 따라 다르지만 최고 10년 동안의 징역형까지 선고될 수 있습니다! 주저하지 말고 선생님, 부모님, 교육청을 찾아가세요.

학교 폭력을 당했거나 목격했거나 일어났다는 사실을 알고 있다면 아래 번호로 신고하세요. 여러분을 돕고 안내해 줄 분들이 기다리고 있습니다.

- 전화: 국번 없이 117
- 문자: #0117
- 홈페이지: www.safe182.go.kr

각 지역의 교육청에 연락하면 피해자 상담을 비롯해 치유와 치료 지원을 받을 수 있습니다. 그리고 인터넷에서 학교 폭력과 관련해 유용한 정보를 찾을 수 있습니다.

www.stopbullying.re.kr

사이버 폭력에

고민 상담

> 칭찬을 들으면 잠시 기분이 좋지만, 모욕을 당하면 하루 종일 기분이 안 좋아요. 앙브르, 15세

최근 몇 년 사이 사이버 폭력이 매우 심각해졌어요. 청소년 10명 중 4명이 사이버 폭력을 경험했다고(가해 또는 피해) 합니다.

좋아요, 사진, 댓글이 때로는 사이버 폭력이 되기도 합니다. 장난으로, 또는 돈을 뜯어내기 위해 전혀 모르는 사람이 접근하는 경우도 있지만 가해자는 대부분 아는 사람입니다. 마이크로소프트사가 23개국에서 실시한 설문 조사에 따르면, 피해자의 50%는 이미 가해자를 알고 있었습니다. 게다가 가해자 4명 중 1명은 친척이나 같은 반 친구, 심지어는 가족이었다고 합니다.

『루머의 루머의 루머』는 학교 폭력을 주제로 한 소설로, 같은 제목의 드라마로도 제작되었습니다. 주인공 해나 베이커는 몇 달에 걸쳐 사이버 폭력을 당한 끝에 스스로 목숨을 끊습니다. 그 전에 해나는 자살을 결심하게 된 13가지 이유를 카세트테이프에 녹음해서 자신을 짝사랑하던 클레이에게 보내는데, 그 녹음 내용이 소설의 줄거리입니다.

인터넷에서 이루어지는 사이버 폭력은 익명인 데다 진짜 폭력도 아니라고 생각되겠지만, 심각한 실제 범죄로 간주됩니다. 가해자가 학생이면 학교 폭력 처벌 기준에 따라 처벌받습니다. 수사기관에서는 공개적(SNS)으로든 비공개적(이메일 또는 비공개 메시지)으로든 주고받은 메시지에 접근할 수 있습니다. 또한 인터넷 속의 가명 뒤에 숨어 있는 진짜 사람을 찾기 위해 조사를 요청할 수도 있습니다.

대처하는 법

사이버 폭력에 어떻게 대처해야 할까요?

- 우선, 반응해서는 안 됩니다. 사이버 폭력에 대응하거나 복수하려고 하지 마세요.
- SNS에서 욕설 댓글을 신고하고 삭제를 요청할 수 있습니다.
- SNS 친구 목록에서 가해자를 삭제하고, 차단하고, 신고할 수 있습니다.
- 사이버 폭력의 증거를 수집해서(예를 들면 화면 캡쳐) 가해자와 그 공범을 분명히 알 수 있도록 해야 합니다.
- 여러분이 피해자 또는 목격자라면, 다음 사이트에서 신고나 제보를 할 수 있습니다. ecrm.police.go.kr
- 그리고 무엇보다 혼자 끙끙 앓지 마세요! 믿을 수 있는 사람이나 전문가에게 반드시 도움을 청해야 합니다.

사이버 폭력을 당한 십 대이거나 자녀가 사이버 폭력 피해자인 부모님이라면, 국번 없이 117번으로 전화하거나 #0117로 문자를 보내 신고할 수 있습니다.

사이버범죄 신고시스템(ECRM)을 이용하면 사이버 폭력 신고와 제보, 관련 상담까지 모두 가능합니다.
ecrm.police.go.kr

자기 몸을 인정하자

방송과 SNS에서는 이상적인 여성은 몸매가 날씬해야 한다는 메시지를 널리 퍼뜨립니다. 그 영향으로 우리는 날씬한 몸매만이 아름답고 그렇지 않은 몸매는 아름답지 않다고 여기곤 하지요. 그렇다면 날씬하지 않은 몸매는 가치가 없는 것일까요? 몸매를 바라보는 우리의 관점을 교정하면, 이전까지는 몰랐던 다양한 체형들의 가치를 알아보는 눈이 생깁니다. 그 덕분에 자신의 몸매도 받아들이게 되지요.

자기 몸 긍정주의 #바디포지티브

이 운동은 키, 체형, 외모에 상관없이 몸을 있는 그대로 긍정하자는 운동입니다. 목표는 미의 기준을 없애는 것이 아니라 다양한 몸에 주목하고 열린 마음으로 그 가치를 알아보자는 거예요. 군살, 셀룰라이트, 피부 결점, 흉터, 통통한 몸매… 자기 몸 긍정주의 운동은 이상적인 미의 기준에 휘둘리지 않고 자기 몸을 있는 그대로 사랑하자는 것입니다. 이 운동에 참여하는 SNS 계정들에는 남의 시선을 신경 쓴 콘텐츠 대신 가공하지 않은 자연스러운 사진들이 올라와 있습니다. 그 사진들은 여러분이 자신감과 자부심을 회복하는 데 도움을 줄 수 있어요. 다만, 여러 기업에서 이 운동을 제품 홍보에 점점 더 많이 이용하고 있다는 점은 기억해야 합니다. SNS에서 자기 몸 긍정주의 운동을 살피다 보면, 알고리즘이 각종 다이어트 상품 및 체중 감량 제품 광고로 여러분을 안내할 거예요.

자기 몸 중립주의 #바디뉴트럴리티

이 운동은 자기 자신을 더 섬세하게 살피며 몸을 받아들이도록 응원합니다. 외모에 신경 쓰기보다는 자기가 어떤 사람이고, 능력과 강점은 무엇인지 찬찬히 찾아보자는 것이지요. 자기 몸을 사랑하자고 스스로 강요하지 않으면서, 오랫동안 천천히 외모에 대한 불만을 극복하고(외모에 대한 증오와 완전한 받아들임 사이의 어떤 마음 상태), 자신을 행복하게 만드는 것을 찾아 그것에 집중하는 것입니다.

패러디 계정

이 계정들은 SNS에서 인기 있는 아름다움 코드들을 비꼬거나 우스꽝스럽게 표현합니다. 인기 있는 라이프스타일의 뻔하고 지루한 면을 강조해서 따라하거나, 셀럽을 패러디하거나, 연출이나 보정을 안 한 인플루언서의 실제 사진을 공개하지요.
@beauty.false

섭식 장애를 치료했거나 치유 과정에 있는 사람들이 함께 운영하는 계정이나 사이트도 있습니다.
cafe.naver.com/jahayun

SNS 속 모습 → 　　　　실제 모습

나에게 이로운 SNS 이용법

SNS에서 보내는 시간을 줄인다.

사진을 곧이곧대로 믿지 않는다.

앱 알림 설정을 끈다.

추천 영상이나 선택하지 않은 영상은 보지 않는다.

알고리즘과 필터 버블을 주의한다. 이미 좋아하는 것, 자신과 비슷한 세계에 우리를 가두고, 비판적 사고를 못 하게 막기 때문입니다.

게시물의 정보가 어디에서 왔는지 확인한다.

게시물을 올리기 전에 한 번 더 생각한다. 일단 올리면 완전히 지울 수 없으며, 끝도 없이 퍼져 나갈 수 있기 때문입니다.

편집한 사진만 올리는 SNS 계정은 팔로우하지 않는다.

나의 자연스러운 사진을 올린다.

외모에 신경 쓰지 않고 자신을 있는 그대로 받아들이도록 응원하는 계정을 구독하며, 관심을 몸이 아닌 다른 것으로 옮겨 본다.

체중계로는 잴 수 없는 5가지

자존감을 높이는 방법

- 자기를 알기. 진정한 자존감이란 자기 자신, 특히 장점을 잘 아는 거예요.
- 자기에게 친절하기.
- '아니!'라고 말하는 법 배우기.
- 자기를 칭찬하는 습관 들이기.
- 이룰 수 있는 목표 정하기.
- 자신을 돌보기!

체중계는 단지 숫자를 보여 줄 뿐 우리의 가치를 보여 주지는 못해요.
그 숫자에 너무 큰 힘을 주지 마세요.

체중계가 결코 잴 수 없는 5가지는 다음과 같습니다.

1 건강
몸무게가 건강에 영향을 주기는 하지만, 그것은 건강에 영향을 주는 다양한 것들 가운데 하나일 뿐이에요. 우리의 생활 습관 전체가 우리의 건강에 영향을 준답니다. 체중계는 우리가 잠을 잘 자는지, 스트레스는 얼마나 받는지, 몸을 얼마나 움직이는지를 보여 줄 수 없답니다.

2 지능
살을 뺀다고 더 똑똑해지는 건 아니에요. 잘 알겠지만, 지능과 몸무게는 아무 상관 없어요. 날씬한 몸이 지능의 한 부분은 결코 아니랍니다.

3 아름다움
체중계는 아름다움이 뭔지 몰라요. 아름다움의 기준이 다양하다는 사실도 모르죠! 체중이 같은 두 사람일지라도 키, 근육 분포, 지방과 뼈의 무게에 따라 몸매가 완전히 다를 수 있다는 점을 잊지 마세요.

4 호기심과 열정
자기가 발견한 것을 나누려 하고, 더 알고자 하며, 경이로운 것에 감탄하고, 열정이 넘치는 사람의 호기심에 가득 찬 반짝이는 눈을 체중계는 절대로 측정하지 못해요.

5 자존감
파란 눈이나 검은 머리칼과는 달리, 자존감은 부모에게 물려받는 것이 아니에요. 우리는 자존감이 높거나 낮은 상태로 태어나지 않아요. 자신의 가치에 대한 느낌은 타고나는 것이 아니라 다른 사람과의 관계에서 알아 가는 것이죠. 체중계는 자존감을 측정할 수 없으며, 자존감의 좋은 친구도 결코 아닙니다!

이 책을 쓰도록 영감을 준 모든 청소년에게 깊은 감사의 말을 전합니다.
-도미니크 아델 카수토

이 책에서 위안을 얻었을 십 대의 나에게.
-티티페

십 대를 위한 몸매 안내서

2023년 9월 8일 초판 1쇄 발행
2025년 2월 4일 초판 2쇄 발행

글 도미니크 아델 카수토 • **그림** 티티페
옮김 류은소라
펴낸이 류지호
편집 이기선, 김희중 • **디자인** Firstrow

펴낸 곳 원더박스 (03173) 서울시 종로구 새문안로3길 30, 대우빌딩 911호
대표전화 02-720-1202 • **팩시밀리** 0303-3448-1202
출판등록 제2024-000122호(2012. 6. 27.)

ISBN 979-11-92953-12-0 (74510)

- 잘못된 책은 구입하신 서점에서 바꾸어 드립니다.
- 스마트폰으로 QR코드를 스캔하면 도서 목록으로 연결됩니다.
- 독자 여러분의 의견과 참여를 기다립니다.
  블로그 blog.naver.com/wonderbox13, 이메일 wonderbox13@naver.com